Dilan
Francis
Rafi
Bianka
Hi!
Saemira
Milan
Omer
Karol
Frau Meister
Frau Grützkow
Herr Schrecklich

Tanya Lieske

Wir sind (die) Weltklasse

Tanya Lieske

Wir sind die Welt-Klasse!

Mit Illustrationen
von Sybille Hein

Hanser

Von Tanya Lieske bei Hanser erschienen:

Wir sind (die) Weltklasse (2024)
Wir sind (die) Weltklasse – Die verschwundene Matilda (2024)
Wir sind (die) Weltklasse – Die Schlamassel-Fahrt (2025)

Erscheint als Hörbuch bei Der Audio Verlag,
gelesen von Nicolas Artájo.

5. Auflage 2025

ISBN 978-3-446-27924-7

Vilshofener Straße 10 | 81679 München | info@hanser.de

Umschlag: Sybille Hein, Berlin
Satz im Verlag, Iris Kochinka
Druck und Bindung: PNB Print Ltd., Silakrogs
Printed in Latvia

MIX
Papier | Fördert
gute Waldnutzung
FSC® C084698
FSC
www.fsc.org

Für Christine

Wo geht's hier zum Bahnhof?

Hallo! Ich bin Adam.

Wer das jetzt komisch findet und zu *Adam* so was wie *Eva* denkt, ist wahrscheinlich nicht aus Polen. Denn in Polen heißen alle möglichen Leute Adam, manchmal auch mit was anderem zusammen. Wie bei uns: Kasimir Adam, so heißt mein Papa. Marek Adam, das ist mein Opa. Meine Mama heißt natürlich nicht Adam, das ist wohl klar. Kübra würde jetzt *eierklar* sagen. Das ist so ein Kübradings, das mit *eierklar.*

Papa heißt auf Polnisch übrigens *Tata*, und *Opa* heißt *Dziadek*.* *Mama* heißt auf Polnisch auch *Mama*, das macht es einfach. Meine Mama heißt übrigens Aneta. Wir vier sind eine Familie.

* Das ist ein Wort, das in diesem Buch oft vorkommt. Sieht schwer aus, ist aber ganz leicht: »Dschadäck«. Schafft in Polen jedes Kind! Alles, was Adam und seine Familie auf Polnisch sagen, steht auf Seite 169 noch mal zum Nachlesen.

»Eine Klecksfamilie«, grummelt mein Dziadek immer, und damit meint er, dass wir zu wenige sind. »Unter fünf Kindern braucht man gar nicht anzufangen. Das ist keine richtige Familie.«

Wahrscheinlich denkt mein Dziadek dabei an seine vielen Geschwister und Neffen und Nichten und an die anderen Enkel, die alle noch in Polen sind.

»Dobrze, Tata«, sagt meine Mama dann. Das heißt: »Ist gut, Papa.« Manchmal macht sie meinem Opa einen polnischen Kaffee, »weil man Heimweh riechen kann«, und Kaffee riecht wohl besser als Heimweh. Dafür tut sie einfach Kaffeepulver in die Tasse und Wasser aus unserem blauen Kessel drauf. Für uns ist das der Heimattest: »So was können nur echte Polen trinken. Der Rest der Welt bekommt vom polnischen Kaffee einen Herzschlag und fällt tot um«, meint mein Dziadek.

Das ist jetzt vielleicht ein bisschen durcheinandererzählt, aber alles davon wird noch gebraucht. Meine Klecksfamilie wird gebraucht, weil sie gut auf mich aufpasst. Kübra wird auch gebraucht, weil sie unten im Haus wohnt. Das ist aber Zufall, dass Kübra und ich im selben Haus wohnen.

Am ersten Schultag stand Kübra in der Tür zum Klassenzimmer, Arme vor der Brust, ihre Wuschelhaare neben dem Bild mit dem Klassenigel: »Für Blödies is' hier gesperrt.«

Das war vielleicht, weil ich kurz vorher eine Schieloperation hatte. Meine Brille war noch abgeklebt. Ich habe ausgesehen wie ein Vollidiot. Aber Kübra ist nicht durchgekommen mit der Nummer. Ihre Mutter war nämlich auch dabei. Sie ist sauer geworden und hat Kübra auf Türkisch ausgeschimpft.

Kübras Mutter war natürlich da, weil erster Schultag war. Deshalb waren auch meine Mama und mein Tata dabei. Beide hatten sich ziemlich schick gemacht und sogar die Schuhe geputzt. Mein Opa war nicht da. Er macht sein Geschäft nicht gerne zu. Aber sonst: Lauter große Leute, lauter Mamas, Annes, Mums, Mamans und Papas, Papis, Tatas, Dads, Babas und wie die Eltern alle in den verschiedenen Igelsprachen heißen.

Die Sache mit Kübra ging trotzdem weiter. Weil ich kein Deutsch konnte, hat sie gesagt, dass ich »Migrant« bin. Das gab einen ziemlichen Aufreger bei unserer Lehrerin. Frau Meister hat in Schönschrift Polen an die Tafel geschrieben. Dann sollte ich was Tolles von zu Hause erzählen.

Ich habe natürlich erzählt, wie ich daheim, in Milicz, mit meinen Freunden in den Karpfenteich vom Bauern Kowalski

gesprungen bin. Und wie wir uns dann verstecken mussten, weil er uns den Hintern versohlen wollte.

Die Sache ist: Ich habe es auf Polnisch erzählt, und das hat es erst mal nicht besser gemacht. Als ich in der ersten Igelklasse war, da habe ich nämlich nur die paar deutschen Sachen gekonnt, die mein Opa schon zu Hause immer gesagt hat: »Zwei Bier, aber schnell! Hände hoch! Wo geht's zum Bahnhof?«

Mit den drei Sätzen kommt man aber in der Schule nicht weit. Da braucht man eher so Sachen wie: »Kommst du zum Spielplatz? Willst du Karten tauschen? Hat wer Mathe?«

Richtig Deutsch konnte ich erst später, so ab Igelzwei. Aus der Igeleins gibt es deshalb auch nicht viel zu erzählen. Es geht gleich mit der Igelzwei weiter. Da war ich schon ziemlich gut am Start.

Eins will ich aber noch sagen: Kübra ist voll in Ordnung. Das habe ich mit der Zeit gemerkt. Und die Igelklasse ist die beste Klasse der Welt. Für eine Igelklasse lohnt es sich, nach Deutschland zu kommen. Ich schwöre. Słowo daję.

Außerdem kann ich in den Ferien immer zurück, und dann sehe ich meine Freunde und meine Cousins und Cousinen. Das geht also klar.

Die Igel-Klassenregeln

In der Igelzwei haben wir uns neue Klassenregeln gegeben. Die hat jede Klasse, also auch die Specht-, die Hummel- und die Pinguinklasse.

An unserer Schule gibt es vier Tiere für vier Klassen. Das ist wirklich gut gemacht. Wenn nämlich eine Klasse fertig wird und die Kinder die Schule wechseln, dann wandert das Tier in die erste Klasse, und man muss sich nicht was Neues merken.

Aber nicht jede Klasse hat die gleichen Regeln. »Weil die Regeln ja zu uns passen müssen«, hat Frau Meister gesagt.

Wir haben also Regeln gefunden, die wir unbedingt brauchen, und die hängen an unserer Pinnwand.
Frau Meisters Lieblingsregel ist:

Igelkinder hören einander zu.

Klingt echt einfach, ist aber richtig schwer. Das merken wir ganz oft.
Wenn was wirklich Aufregendes passiert,

wenn sich wer im Klo einschließt, vom Klettergerüst fällt oder eine Oma stirbt, dann wollen nämlich alle sagen, was sie davon halten. Dann ist keiner mehr zum Zuhören da. Das war zum Beispiel an Ostern so.

Dass es Ostern war, habe ich mir gemerkt. Zu Ostern malt meine Mama Eier an und verschenkt sie. Sie sind immer überall in unserem Haus, und ein paar nimmt sie auch mit ans Theater.

Wegen Mamas Arbeit am Theater sind wir übrigens in Deutschland. Weil sie nämlich als Kostümschneiderin in Polen nichts gefunden hat. Und weil sie nichts anderes machen wollte. »Mein Liebling hat einen Kopf wie ein Ochse«, sagt mein Tata zu dem Thema immer. Ihm ist es egal, was er arbeitet. Deshalb macht er öfter mal was anderes. Zurzeit fährt er Pakete aus. Wenn ich kann, fahre ich mit. Deshalb kenne ich ganz viele Straßen in unserer Stadt. Es gefällt mir gut, wenn mein Tata irgendwo klingelt und freundlich »Guten Tag« sagt. Alle Leute freuen sich dann, weil er ihnen wichtige Pakete bringt.

Jetzt bin ich aber wieder woanders. Eigentlich will ich ja von den Klassenregeln und von Ostern erzählen. Also: Um die Zeit hat Frau Meister uns nämlich gefragt, was wir im Sachunterricht machen sollen. Sie hat an die Tafel geschrieben:

Bauernhof

Dinos

Magnete

In ihrer Frau-Meister-Schönschrift natürlich. Die würden wir alle gerne können. Das ist aber gar nicht so leicht. Zaharia rutscht immer die Zunge raus, wenn er versucht, so schön wie Frau Meister zu schreiben. Und Mariam hat beim Schönschreiben mal vergessen, dass ihr Heft zu Ende ist. Sie hat einfach auf dem Tisch weitergemacht. Als der zu Ende war, ist sie vom Stuhl gefallen. Mariam passieren immer so komische Sachen. Einmal musste Herr Schrecklich mit der Leiter kommen und sie vom Baum auf dem Schulhof holen. Langweilig wird es mit Mariam nie. Mit ihrem Cousin auch nicht. Der heißt Dilan und gehört zu den coolen Jungs.

Zurück zu Sachkunde.

Wegen *Bauernhof, Dinos, Magnete* gab es eine Diskussion. Alle haben gleichzeitig geredet, und keiner hat mehr was gehört. So viel zu den Klassenregeln. Es sind sogar X-Wörter durch die Klasse geflogen. Das sind Wörter, die wir eigentlich nicht wollen: *Doofi. Idiot. Scheiße.* So was. Die heißen X-Wörter, weil sie so selten sein sollen wie ein Wort mit X. Aber ich schwöre, man glaubt gar nicht, wie schnell einem so was rausrutscht!

Kübra hat sich natürlich am lautesten aufgeregt. »Ey, Leute, Bauernhof – das ist doch voll für Babys! Da wollen nur Blödis hin!!«

»Ich will aber Tiere.« Das war Ayse. Ihre Freundin Adamma wollte auch zum Bauernhof. Die meisten Kinder waren aber für Dinos. »Magnete« hat niemand laut gesagt. Frau Meister hat überlegt und dann gemeint, dass das wohl ein Fall für eine Abstimmung ist. Aber dafür war an dem Tag keine Zeit mehr, weil noch die Förderklassen eingeteilt werden mussten.

Förder gibt es an unserer Grundschule in den Sprachen, die jeder braucht. Das kann Deutsch sein. Oder eine andere Sprache wie Türkisch oder Französisch. Eine Sprache, die man nicht vergessen will. Förder machen wir alle. Bloß Henri und Sibylle brauchen das nicht. Billie ist aus Schwaben, und Henri ist aus Friesland. Ein zweites Land haben sie nicht. Frau Meister hat gesagt, dass es okay ist, wenn man einfach aus Schwaben und Friesland kommt. »Man ist trotzdem richtig in der Igelklasse. Wir sind nämlich integrativ.«

Natürlich wollten wir wissen, was das schon wieder für ein Wort ist. Da hat Frau Meister sich ihre Locke aus der Stirn gepustet: »Integrativ ist, wenn alle mitmachen dürfen.«

»Dann sag das doch gleich. Wir sind doch nicht blöd. Das steht sowieso in unseren Klassenregeln.«

Da hatte Kübra recht. So haben wir es ausgemacht:

Igelkinder lassen alle mitmachen.

Doof ist nur, dass Billie und Henri eine Spielstunde haben, wenn Förder ist. Das findet niemand gerecht. Noch nicht mal Billie und Henri.

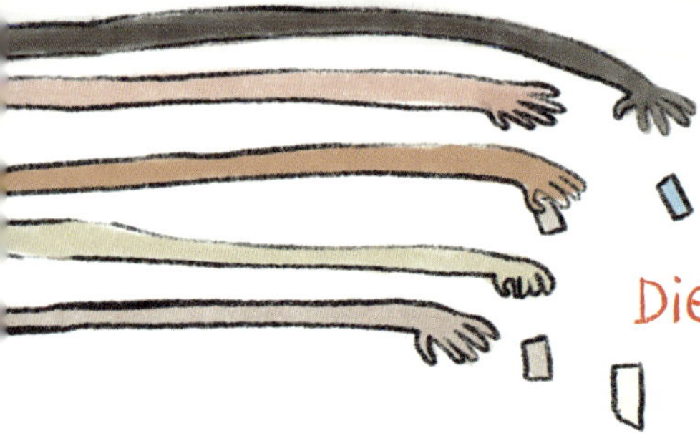

Die Abstimmung

Wenn Frau Meister ganz sicher sein will, dass jeder seine Meinung sagt, macht sie eine Abstimmung. Das war dann am nächsten Tag. Dafür kommt die rote Vase aus der Leseecke nach vorne auf das Lehrerpult. Dann teilt sie uns Zettel aus, und wir schreiben drauf, was wir wollen.

Ich habe *Dinos* geschrieben. Dinos finde ich cool, weil sie gefährlich sind. Und ziemlich groß.

Nach einer Abstimmung muss gezählt werden. Mariam war an dem Tag der Wahlkobold. Ayse hat gelesen. Ich durfte Haken an die Tafel machen.

So hat es am Ende ausgesehen:

Bauernhof ✓✓✓✓✓✓
Dinos ✓✓✓✓✓✓✓✓✓✓✓
Magnete ✓✓

Also gab es doch Magnetekinder. Aber die Dinos hatten ganz klar gewonnen.

Frau Meister hat gesagt, jetzt müssten wir uns vertragen: »Ich überlege mir eine Überraschung.« Mehr hat sie nicht verraten.

»Sie geht mit uns be-st-immt ins Kino«, hat Henri in der Pause gesagt. »Be-st-immt was mit Dinos.«

Bei Henri habe ich erst gedacht, dass er manchmal mitten im Wort an seinen Zahn stößt. So hört es sich an. Ist aber nicht so. Da, wo Henri herkommt, reden alle Leute wie er. Sagt Henri. Frau Meister sagt das auch und Billie auch. Und die müssen es wissen. Weil man in Stuttgart, da hat Billie vorher gewohnt, nämlich nicht »be-st-immt« sagt, sondern »beschdimmd«.

Billie hängt in der Pause am liebsten hinter dem Geräteschuppen ab. Da, wo wir sind. Also ein paar der anderen Jungs und ich. Wir tauschen Pokémon-Karten. Oder spielen Verstecken. Billie macht aber ihr eigenes Ding. Sie übt Lassowerfen. Das ist, weil sie Cowboy wird, wenn sie groß ist. Fürs Lassowerfen nimmt sie eine Wäscheleine aus ihrem Ranzen.

Herr Schrecklich hat Billie dafür extra einen Pfosten hingestellt. »Damit du nicht versehentlich einen Lehrer fängst.«

Ganz genau weiß ich aber nicht, ob er wirklich Angst um die Lehrer hat.

Das passiert mir öfter bei Erwachsenen: dass ich nicht weiß, was sie meinen. Was aber sicher ist: An Herrn Schrecklich ist nur der Name schrecklich. In echt ist er ein sehr netter Hausmeister, ich schwöre. Słowo daję. Er hat immer einen Blaumann an und Kaugummi in den Taschen. Er ist groß und dünn und hat kaum Haare. Seine Ohren stehen ab und werden schnell rot.

Wenn man Herrn Schrecklich oder unsere Rektorin Frau Grützkow oder unsere Lehrerin Frau Meister anguckt, dann merkt man was. Nämlich, dass die Erwachsenen so verschieden sind wie wir Kinder. Frau Grützkow ist groß, und sie hat viele lockige Haare, rot und grau. Sie ist oft schlecht gelaunt und eine richtige Meckertante. Zum Beispiel findet sie unsere Flitzepause doof. Wenn Flitzepause ist, rennen wir durchs Klassenzimmer oder aufs Klo und sind so laut, wie wir wollen.

Frau Meister ist klein und hat schwarze Haare. Sie findet Flitzepausen gut und macht immer mehr davon als andere Lehrer. Frau Meister ist der Hauptgrund, warum wir so gerne in die Schule gehen. Sie ist selbst schon hier zur Schule gegangen.

»Wieso soll ich weg, aus der schönsten Schule von der Welt«, sagt sie immer. Aber manchmal sagt sie auch, dass es schade ist, wenn man nie weggegangen ist. »Wenigstens habe ich meine Oma. Die hat die ganze Welt gesehen. Das muss reichen.«

Das finden wir auch.

Frankfurt geht nicht bei Hoppe vorbei

An dem Tag der Frau-Meister-Überraschung habe ich morgens eine weiße Maus gesehen. Unter einem Baum, schon ganz nah beim Schultor. Sie hat an einem Stück altem Döner geknabbert. Ich bin in die Hocke. Die Maus hat sich auf die Hinterbeine gestellt. Sie hat sich groß gemacht. Ich habe mich klein gemacht. Dann haben wir uns eine Weile in die Augen gesehen.

Die Mäuseaugen waren schräg und rot. Meine sind oval und blau – und gut zu sehen, seit das Klebedings für das Schieldings weg ist.

Ich habe meine Brotdose im Ranzen aufgemacht und den offenen Ranzen vor die Maus gelegt. Die Maus ist einfach reinmarschiert.

Wahrscheinlich war mein Käsebrot leckerer als der Döner. Vielleicht hat sie mich aber auch einfach gemocht.

Das ist bei mir nämlich so mit Tieren: Die haben mich schnell gern. Deshalb sagt mein Dziadek immer, dass er mit mir nie nach Afrika fahren will, weil mir immer alle Tiere zulaufen: »Wenn wir von da zurückkommen, haben wir alle Koffer voll mit Giraffen und Löwen, und wer will das schon.«

Nach der Maus musste ich mich beeilen, und die Klassentür war auch schon zu. Frau Meister hat mich nicht beachtet, obwohl sie sonst immer sauer wird, wenn man zu spät kommt.

»Wer war schon mal in Frankfurt?«

Da war es erst mal still. Von Frankfurt weiß in der Igelklasse niemand was. Allerdings fällt uns auch immer schnell was ein. Ideen haben wir immer.

Omer: »Das ist in der Türkei.«

Kübra: »Bistu blöd. Frankfurt is' wie Berlin.«

Zaharia: »FRANKfurt ist in FRANKreich, das hört man doch.«

Yussuf: »Quatsch. Frankfurt geht bei Hoppe vorbei.«

Hoppe, das ist der Kiosk, gleich neben unserer Schule. Wir sagen oft nur Kio. Der Kio ist wichtig, weil wir dort alles kaufen können, was wir vergessen haben. Auch morgens früh, auf dem Weg zur Schule. Aber das mit »Frankfurt geht bei Hoppe vorbei« war bestimmt geraten.

Frau Meister hat gelacht, aber nur ein bisschen. Sie lacht uns nämlich nie aus. Als Nächstes hat sie die Tafel aufgemacht und erst Deutschland gemalt, dann die Türkei. Für Deutschland waren da drei Punkte: ein Punkt für unsere Schule, die Grundschule Zwirnstraße. Ein Punkt für Frankfurt. Ein Punkt für Berlin. Für die Türkei gab es zwei Punkte: Ankara und Istanbul. Da konnten wir genau sehen, wie viel Platz zwischen Frankfurt und der Türkei ist. Viel Platz heißt weit weg, wenn es um Länder geht.

Jetzt wollten natürlich alle Igelkinder ihre Länder mit Städtepunkten an der Tafel haben. Also hat Frau Meister auf ihr Handy geguckt, bis sie alle Länder gefunden hat, und ziemlich lange weitergemalt. Alle Länder, das sind für uns: Afghanistan, Albanien, Bulgarien, Deutschland, Griechenland, Kanada, Kroatien, Libanon, Marokko, Nigeria, Polen, Russland, Syrien, Türkei, Ukraine. Dann hat sie noch die Länder dazugemalt, in denen ihre Oma schon mal war: Indien, Australien und China.

Was die vielen Länder angeht, da brauche ich mal ein gutes Wort mit X. Die Igelklasse ist in der Hinsicht nämlich *extra*. Frau Meister sagt das immer so: »Wir sind eine Weltklasse! Mit uns kann man eine Weltreise machen. Auch ohne dass man vor die Tür geht.«

Der Tag mit der Maus war einfach super. Frau Meister hat uns nämlich gesagt, dass sie wirklich mit uns nach Frankfurt fährt. »Da gibt es ein Museum, in dem stehen echte Dinoskelette.«

Auf ihrem Handy hat sie uns Bilder von den Skeletten gezeigt. Neben einem stand ein Mädchen. Da konnte man sehen, wie klein wir Menschen sind.

Mariam hat sich bei alldem so gefreut, dass sie ihr Mäppchen in die Luft geworfen hat. Alle Stifte sind rausgefallen. Dann ist sie losgerannt und auf den Stiften ausgerutscht. Dabei ist sie gegen meinen Ranzen gestoßen, und das hat natürlich die Maus gestört. Sie ist rausgehopst, und Mariam ist vor lauter Schreck rückwärts und in den Mülleimer gefallen. Weil sie da nicht wieder rausgekommen ist, hat Frau Meister Herrn Schrecklich rufen müssen. Der hat dann den Mülleimer aufgeschnitten und Mariam befreit. Die Maus habe ich schnell wieder eingefangen und sie zurück in meinen Ranzen getan.

Nach der Stunde musste ich zu Frau Meister. »In der Igelklasse sind nur Kuscheltiere erlaubt. Die kleine Maus musst du wieder freilassen.«

»Geht klar, Frau Meister. Dobrze.«

Habe ich gesagt. Habe ich aber nicht gemacht. Manchmal ist das so: Man sagt was und meint es auch wirklich ganz bestimmt. Aber man macht dann doch was ganz anderes.

Ich weiß nicht, warum das so ist. Ich weiß aber wohl, was ich mit der Maus gemacht habe. Das kommt jetzt.

vegetanisch und benewitz gedichtet

Man kann jetzt nicht direkt sagen, dass meine Klecksfamilie begeistert war, als sie die Maus gesehen hat. Außer vielleicht mein Dziadek. Der hat gesagt: »Der Junge kommt vom Land. Es ist doch klar, dass er wilde Tiere braucht.«

»Eine Maus ist aber kein wildes Tier.« Meine Mama war gerade dabei, Tomatensoße zu den Spaghetti zu rühren.

»Natürlich ist sie nicht wild. Ich habe sie gezähmt.«

Mein Tata hat sich die Brille hochgeschoben und gelacht, als er das gehört hat. Die Maus ist in der Zeit gemütlich zwischen unseren Schuhen durch und hat Schnürsenkel angeknabbert.

»Sie lässt ihren Dreck überall und isst uns den Käse weg«, meinte Mama. »Außerdem bekommt sie bestimmt Kinder, und dann haben wir die Wohnung voller weißer Mäuse.«

»Sie ist aber ein Junge«, habe ich gesagt.

»Außerdem braucht es dafür immer noch *zwei* Mäuse.« Mein Tata hat gegrinst. »Das ist bei Menschen auch so.«

»Wer frech wird, macht den Abwasch.«

Jetzt gab es lauten Protest vom Küchentisch, wo wir, also die drei Adams, gesessen haben. Aber nur so, zum Spaß. Abwaschen nach dem Essen ist gerecht, wenn man nicht gekocht hat. Da sind wir uns einig.

Wenn meine Klecksfamilie streitet, dann gewinnt meistens mein Dziadek. Deshalb hat er am nächsten Tag einen Mäusekäfig ins Haus geschleppt.

»Gut. Wir probieren es eine Woche lang.« Meine Mama war mit den Gedanken aber schon woanders. Das konnte ich sehen, weil sie alle Buntstifte draußen hatte und Kostüme gemalt hat.

Weil er die Maus gerettet hat, habe ich meinem Dziadek gesagt, er soll ihr einen Namen geben. Das war eine blöde Idee von mir, denn jetzt heißt die Maus Karol. »Nach dem letzten Papst, der was draufhatte!«

Mein Dziadek findet es sehr wichtig, dass Leute aus Polen in der Welt was zu sagen haben. Deshalb hat er auch ein Bild von dem alten Papst in seinem Zimmer hängen. Der hieß Karol mit Vornamen und Wojtyła mit Nachnamen. Er ist auf dem Bild schon alt. In echt ist er schon mindestens so lange tot wie Graf Dracula. Aber er war Pole. Das ist meinem Dziadek wichtig. Wegen ihm erwischen wir meinen Opa sogar manchmal beim Beten. »Jetzt lass doch den Hokuspokus, Tata«, schimpft meine Mama dann. »Vom Beten wird es in der Welt auch nicht besser.«

»Schlechter aber auch nicht.«

»Leute, vertragt euch. Jeder, wie er will. Lasst es gut sein. Niech się stanie.« Wenn Mama und mein Dziadek streiten, will mein Tata immer Frieden stiften. Manchmal klappt das sogar.

Es ist übrigens schwerer, als man denkt, eine Maus im Zimmer zu lassen, wenn man selbst in die Schule gehen muss. Ich habe Karol am nächsten Tag in die Augen geschaut und habe gesehen, dass er traurig ist, wenn ich gehe. Dann bin ich aufs Klo. Danach war der Käfig irgendwie leer. Wie die Maus in meinen Ranzen gekommen ist, weiß ich aber nicht. Słowo daję.

In der Schule war schon ganz schön was los. Manchmal müssen wir nämlich wegen Frau Grützkow in die Aula. Das ist, wenn sie etwas Wichtiges zu sagen hat. Sie nimmt dann immer ein Mikrofon, aber besonders gut versteht man sie trotzdem nicht. Das Mikro quietscht nämlich.

»Hallo, Kinder. Wir veranstalten in der nächsten Woche einen Umwelt- und

Benefiztag. Dazu laden wir alle Eltern ein, und wir verkaufen Essen. Von dem Geld dichten wir unsere Schule ab. Alles Essen soll vegetarisch sein. Das ist dann gut fürs Klima. Und Benefiz ist, wenn es auch sonst noch für was gut ist.«

Als Frau Grützkow fertig war mit Quietschen, gab es ziemlich viele Fragen.

Kübra wollte wissen, was *vegetanisch* ist.

Yussuf wollte wissen, was *benewitz* ist.

Zaharia wollte wissen, was er dichten soll. Zaharia kann nämlich sehr gute Gedichte. Er kann auch auf schwere Sachen Reime finden. »Flamingo« zu »Jungenklo«. »Fette Wanzen« zu »volle Ranzen«. So was.

Aber Frau Grützkow hat gesagt, dass *abdichten* etwas anderes ist als *Gedichte dichten.*

Das mit dem Abdichten war für mich auch neu, aber es stimmt schon: In unserer Grundschule zieht es überall. In der Aula regnet es an einer Ecke rein. Überall gibt es Löcher, die Herrn Schrecklich Arbeit machen. Deshalb hat er ja immer Kaugummi dabei: Wenn er gerade ein Loch sieht, kaut er eine Weile, und dann stopft er es zu.

In der Klasse hat Frau Meister uns noch mal alles in Ruhe erklärt. Es ist jetzt nicht so, dass wir langsam sind. Aber manche

Deutschwörter sind einfach schwer. »Vegetarisch ist ohne Fleisch. Ihr könnt das zu zweit machen. Immer zwei Kinder, dann ist es einfacher.«

Wir haben sofort Wunschkind mit Wählen gemacht. Ich habe aber immer Pech. Genau deshalb bin ich bei Mariam gelandet. Die war am Ende genauso übrig wie ich. Yussuf oder Dilan, das hätte mir besser gefallen. Aber natürlich sind die coolen Jungs immer schnell weg.

Eine Familie voller Pfützen

Das mit Mariam habe ich später mit meinem Tata und meinem Dziadek besprochen. Meine Mama war am Theater, deshalb waren wir Adams allein zu Hause. Das passiert oft, und dann bringt mein Dziadek meistens was zum Essen aus seinem Geschäft mit. Das ist das Praktische, wenn man *Polnische Spezialitäten* auf der Kölner Straße verkauft: Man muss selbst nicht einkaufen gehen.

»Es ist nämlich so.« Ich musste an der Stelle sehr lachen. Karol ist in meine Socke gekrabbelt. »Ich spiele nicht mit Mädchen.«

Dann bin ich auf dem Tisch nach vorne gekippt. Das war, weil mein Dziadek mir voll auf den Rücken gehauen hat – seine Art, was gut zu finden:

»Du bist eben ein echter Junge. Die spielen nicht mit Mädchen. Mädchen heiratet man und fertig.«

»Quatsch.« Mein Tata war sauer, das war gut zu hören. »Das sind Ansichten von vor hundert Jahren! Außerdem bist du kein Fachmann, wenn es ums Heiraten geht.«

Die beiden haben sich wütend über den Tisch angefunkelt. Mein Dziadek war nämlich mal verheiratet, aber nur kurz. Seine Frau ist gleich nach der Hochzeit weggelaufen. Ihr Baby hat sie aber dagelassen. Das war meine Mama Aneta. Die Frau wäre dann meine Oma gewesen. Meine Babcia.

Über all das reden wir eigentlich nicht. Manchmal ist meine Familie wie die Kölner Straße nach einem Regen: Man muss gut gucken, wo man hintritt, damit man keine nassen Füße kriegt.

»Außerdem«, das war schon wieder mein Papa, »ist *Kochen* ja nicht *Spielen*. Da gibt es ein paar Unterschiede.«

»Macht euern Kram doch alleine.«

Mein Dziadek ist aufgestanden. Seine Tür hat er so doll zugeschlagen, dass das ganze Haus gewackelt hat.

»Ihr seid beide doof.« Ich habe die Teller ins Spülbecken gestellt. »Streiten ist doof. Und ich weiß immer noch nicht, *was* ich mit Mariam kochen soll.«

»Wir regeln das, mein Sohn«, hat mein Tata gesagt. Und gleich noch mal auf Polnisch: »Damy radę, synu.«

Er hat unser Kochbuch *Polens Küche* aufgeschlagen. Dann hat er die Stirn gerunzelt und lauter leckere Sachen vorgeschlagen: »Gefüllte Knödel. Kohlrouladen. Bigos.«

Inzwischen kam eine Nachricht von Mariam auf mein Handy: *Treffen uns bei dir. Bin gleich da.*

Mir ist mulmig geworden, vor lauter Aufregung.

»Es darf aber kein Fleisch drin sein«, habe ich zu meinem Tata gesagt. »Es soll vegetarisch sein.«

»Die Deutschen haben eben einen Knall«, hat mein Dziadek aus seinem Zimmer gerufen. »Echte Polen essen Fleisch zu jeder Mahlzeit. Das macht sie groß und stark!«

»Wenn hier jemand einen Knall hat, dann *du*«, hat mein Tata zurückgebrüllt.

Das war jetzt wirklich zu viel.

»Ihr seid null die Hilfe.« Kann sein, dass meine Nase gekitzelt hat, als ich das gesagt habe. Daran merke ich immer, dass ich aufpassen muss. Das ist, weil nach wütend traurig kommt. Dann fange ich an zu heulen.

In dem Moment hat es schon geklingelt. Und zwar direkt an unserer Haustür, wo auf einem schönen Schild unsere Namen stehen: Kwasniewski / Leibowitz. Unten hatte Kübra bestimmt ihre Tür auf, damit sie mal wieder alles mitkriegt. Das hat es noch schlimmer gemacht.

Von Mariam habe ich zuerst nur ein Blinken gesehen. Das war von einem Leuchtreif mit Fühlern auf dem Kopf. Wie die Biene Maja ist sie in unseren Flur reingeschossen. Dort hat sie als Erstes alle Zimmertüren aufgerissen. Auch die von meinem Opa.

»Guten Tag, meine Dame.« Mein Dziadek kann sehr höflich

sein. Und gleich noch mal auf Polnisch: »Dzień dobry Pani.« Er hat in seiner Unterhose auf dem Bett gesessen, weil er manchmal mittags schläft, bevor er in sein Geschäft zurückgeht. »Die Küche wäre dann die nächste Tür rechts.«

»Danke.« Mariam hat die Tür zu Opas Zimmer zugemacht. Dann ist sie in die Küche gesaust. Dort hat sie alle Schränke aufgemacht und in alle Schubladen geguckt. Ohne mich oder meinen Tata zu beachten.

Der hat sich auch schnell verdrückt. »Ich lasse euch dann mal allein. Viel Spaß beim Kochen noch.«

Typisch Eltern. Immer mischen sie sich in alles ein, aber wenn man sie dann einmal braucht, müssen sie los.

Es war jetzt ziemlich still in der Küche. Niemand hat was gesagt. Mariam war aber mächtig unterwegs. Sie hat lauter Sachen aus ihrem Ranzen rausgeholt: gelbe Erbsen, lila Gurken und so was.

»Wie machen Hummus und Baba Ganoush. Das ist kinderleicht. Das kann man auch, wenn man nicht aus Syrien ist.
He, was guckst du?«

Schielen zählt nicht

Der Nachmittag mit Mariam ist besser gelaufen als gedacht. Wir haben die gelben Erbsen gekocht und die lila Gurken in den Backofen getan. Die Erbsen heißen auf Deutsch »Kichererbsen«. Das fanden wir so lustig, dass wir auch angefangen haben zu kichern. Danach ging es mir schon besser. Dann mussten wir ziemlich viel rühren und quetschen. Zum Schluss kamen Zitrone und Öl und Gewürze dazu.

Aus den gelben Erbsen wurde Hummus. Aus den lila Gurken Baba Ganoush. Die heißen auch nicht Gurken, aber den richtigen Namen habe ich vergessen. Beides war sehr gut, słowo daję.

Geredet haben wir erst nicht viel. Irgendwann hat Mariam aber gesagt: »Hyperaktiv ist nicht blöd, weißt du? Ich mache alles wie ihr, nur schneller.«

»Blöd sagt doch auch keiner.«

»Blöd muss man nicht sagen. Ich merke schon, wenn die anderen blöd denken. Bei Wunschkind mit Wählen bleibe ich immer übrig.«

»Ich wohl auch.«

»Ja, aber bei dir ist es echt unfair, dass du übrig bleibst. Bei dir stimmt nämlich alles.«

Mariam hat mit dem Arm durch unsere Küche gewedelt. So als wäre alles bei uns supertoll. Aber wer meint, dass bei mir alles stimmt, nur weil wir eine schöne Küche haben, der hat die großen Adams nicht getroffen. Außerdem bin ich der Junge mit der Schieloperation.

»Schielen zählt nicht«, hat Mariam gesagt.

Das war jetzt aber wirklich komisch. Hat sie vielleicht gehört, was ich gedacht habe?

»Jetzt will ich spielen. Wo ist denn dein Zimmer?«

»Ehem, mein Zimmer ...?«

Ganz ehrlich, ich wollte da nicht hin. Erstens war da Chaos. Zweitens war da Karol. Ich wollte es geheim halten, dass die Maus noch bei mir war. Auch sonst, ich wollte nicht, dass Mariam in meinen Papierkorb fällt.

»Kein Zimmer, macht nichts. Ich habe auch keins. Ich teile mit meiner Oma. Ist ziemlich übel, weil die schnarcht, oft Pipi muss und ständig was vergisst. Aber egal, dann gehen wir raus. Willst du Fußball spielen?«

»Äh ... Fußball?«

»Ja, Fußball. Die Füße, der Ball, das Tor? Die Nationalelf und so?«

Ich will jetzt nicht als Idiot dastehen, aber die Nationalelf war mir egal. Meine Freunde in Milicz sind Manchester-Fans. Ich auch, obwohl ich nicht gut Fußball spiele. Ich lasse mich nicht gerne erwischen, wenn ich danebenschieße.

Mariam hat auf meine Antwort gewartet. Weil niemand was gesagt hat, haben wir uns angeguckt.

Wenn man genau guckt, sieht man lauter schöne Sachen an Leuten. Bei Mariam sitzt ein Auge ein bisschen tiefer als das andere. Aber weil in beiden kleine Punkte drin sind, sind sie echt schön. Der Haarreif auf ihrem Kopf war auch schön.

Und schon war sie wieder los. »Egal, wir fragen Kübra.«

Mariam ist die Treppe runter, und dann hat sie bei Kübra geklingelt.

Ich habe die Luft angehalten. Bei Kübra zu klingeln, das hätte ich mich nicht getraut. Nicht so ohne Vorwarnung.

»Jaaaaa?«

Kübra hat die Arme in die Hüften gestemmt. Sie hat uns angeguckt, als wäre sie die Polizei und wir die Einbrecher. Aber dann hat sie was nach hinten gebrüllt, wo wahrscheinlich ihre Familie war. Ein kleiner Bruder kam angeschossen und hat ihr einen Ball gebracht. Dann sind wir raus.

Der kleine Bruder heißt Berk und ist erst vier. Deshalb haben wir langsam gemacht und ihm die Bälle zugespielt. Berk hat sich gefreut, was das Zeug hält. Niemand hatte also Zeit zu merken, dass ich nicht gut Fußball spiele.

Irgendwann ging unser Küchenfenster auf, und Tata hat uns gerufen: »Cześć!« Wir sollten alle hochkommen.

Ich habe mit einem Donnerwetter gerechnet wegen der Küche, die war noch voll im Chaos. So war es aber nicht. Im Gegenteil: Mein Tata war mit seinem Postauto durch die ganze Stadt gefahren, nur um ein paar extrasaure Äpfel zu finden. Die hat er geschält, Zucker drauf, und das alles war schon in einem Topf.

»So, das ist in jedem Fall vegetarisch. Echtes polnisches Apfelkompott. Das bringe ich euch vorbei, direkt in die Schule. Sonst noch Wünsche?« Das sagt mein Tata immer, wenn er zufrieden ist. Man soll dann aber nicht wirklich noch Wünsche haben.

Das Kompott war wirklich gut. »Schmeckt *sehr* gut und *sehr* polnisch.« Sogar mein Dziadek war zufrieden. »Jetzt kann eigentlich nichts mehr schiefgehen.«

Das hat aber leider nicht gestimmt. Ganz überhaupt nicht hat das gestimmt.

Karol, der Brustschwimmer

Vor dem ersten vegetarischen Umwelt- und Benefiztag an unserer Schule war noch Unterricht. Frau Meister hat uns Textaufgaben gegeben. Die haben wir eigentlich gerne. Aber an dem Tag hat nichts geklappt.

Die erste Aufgabe war eine mit dem Osterhasen. Der hat drei verschieden gefärbte Eier und vier Plätze zum Verstecken. Kübra hat sich als Erste aufgeregt: »Der Osterhase, ich glaub's nicht. Der ist doch voll Baby.«

Yussuf wollte wissen, ob die Eier Schoko oder Keks oder richtiges Ei sind. Das wäre wichtig, sonst würde er nicht mitraten.

Saemira hat gefragt, warum die Kinder in solchen Aufgaben immer Tom oder Marie heißen und nie Saemira.

Bianka fand es blöd, dass die Eier im Sandkasten oder in der Gießkanne versteckt werden.

Frau Meister hat sich ihre Locke aus der Stirn gepustet. Das heißt meistens, dass sie genervt ist von uns. Weil im Hof jetzt ein Klopfen und Hämmern losging und weil wir sowieso nicht mehr still sitzen wollten, sind wir alle auf die Stühle und auf die Fensterbank geklettert. Mariam ist aber runtergefallen und hat angefangen zu weinen.

Es gab den Frau-Meister-Pfiff, richtig mit zwei Fingern im Mund: »Wer nicht bei drei auf seinem Platz ist, muss ganz allein die Klasse aufräumen.«

Also sind wir alle schnell zurück auf unsere Plätze. Wir haben uns wirklich angestrengt. Aber bei der nächsten Aufgabe war es noch schlimmer. Da waren ein Löwe, eine Katze und ein Hund zusammen unterwegs. Uns war aber sofort klar, dass der Löwe als Erstes die Katze und dann den Hund frisst. Dass die also nicht lange unterwegs sein können.

Frau Meister hat gesagt, dass wir für heute Schluss machen. »Wenn ihr nicht rechnen könnt, dann gibt es jetzt die Elternzettel.«

Elternzettel sind eigentlich gut. Sie kommen nämlich immer, wenn was Besonderes los ist. Aber sie machen auch Arbeit. Damit alle verstehen, was draufsteht, liest Frau Meister die Zettel immer vor. Dann lesen ein paar Kinder noch mal vor. Die meisten Igelkinder lesen zu Hause auch noch mal vor, damit ihre Eltern alles verstehen.

Es standen wirklich gute Sachen auf dem Zettel.

Dass wir den Ausflug nach Frankfurt machen.

Dass wir an dem Tag dann keine Schule haben.

Dass wir Dinos sehen. Frau Meister hatte sogar einen dazugemalt.

Dann ging im Hof die Musik los. Das war unser Musiklehrer Herr Güven mit seinem Klavier, das er durch die Gegend schieben kann. Sofort waren wir wieder alle am Fenster.

»Krass«, hat Kübra gesagt.

»Voll gut«, fand Milan.

»Wunderschön«, hat Mariam gesagt.

Es hat wirklich sehr schön ausgesehen auf unserem Schulhof. Da war jetzt ein sehr langer Tisch mit weißer Decke und eine

Kette mit bunten Lichtern überm Schuppen. Am Klettergerüst hing ein großes Schild:

Erster vegetarischer Umwelt- und Benefiztag

Die anderen Klassen waren schon dabei, ihre Schüsseln auf den Tisch zu stellen. Frau Grützkow hat Eintrittskarten verkauft. Von der Kölner Straße kamen immer mehr Leute rein.

»Ab mit euch, Igelzwei.« An der Stimme von Frau Meister konnte ich hören, dass sie sich beruhigt hatte. »Ihr wollt ja nicht die ganze Party verpassen.«

Mariam und ich haben Schalen mit Hummus und Baba Ganoush auf den Tisch gestellt. Von meinem Tata und dem polnischen Kompott war natürlich weit und breit noch nichts zu sehen.

Frau Grützkow hat in alle Schüsseln geguckt und uns erst gelobt. Dann hat sie doch gemeckert, weil irgendwo doch was mit Fleisch war. Zum Glück war Herr Schrecklich sofort zur Stelle. Er hat einen großen Filzstift aus seinem Blaumann gezogen und »vegetarisch« auf dem großen Schild einfach durchgestrichen: »Hauptsache, alle werden satt.«

Erster ~~vegetarischer~~ Umwelt- und Benefiztag

Herr Güven hat noch lauter Musik gespielt, sodass auch gar nicht erst schlechte Laune aufkommen konnte.

Ich war sehr froh, als endlich meine Klecksfamilie angekommen ist. Alle hatten sich schön gemacht.

Mein Dziadek hatte sich sogar eine Fliege umgebunden. Meine Mama hat das Kompott auf den Tisch gestellt. Sie hatte eine besonders schöne Schüssel dabei, weiß mit blauen Punkten, und lauter kleine Schalen. Sogar ein Tablett. Damit ist sie rumgegangen und hat die Schälchen verteilt.

Es war alles perfekt. Bis dann Frau Grützkow in das Apfelkompott geguckt hat. Sie hat einen spitzen Schrei getan, und alle Kinder sind zu ihr gelaufen. Dann gab es noch mehr Geschrei, vor allem von der Igelklasse: »Frau Meister, Frau Meister! In dem Apfelmus schwimmt eine MAUS!!«

Man musste jetzt nicht lange raten, wer die Maus war. Karol war mir wohl aus dem Ranzen und in das Kompott gehüpft. Das war nicht gut, aber ein bisschen stolz war ich trotzdem. Karol ist ein mutiger Mäuserich. Er ist auch nicht ertrunken.

Dass Karol nicht nur ein sehr guter Schwimmer, sondern sogar ein Held ist, habe ich aber erst später gemerkt. Dafür mussten wir nach Frankfurt.

Das Meer ist leer

Nach dem Benefiztag wollte Frau Meister jemanden aus meiner Familie sehen. Also, einen von den Erwachsenen. Mein Dziadek ist hin, weil er am besten Deutsch spricht. Behauptet er jedenfalls. »Ich komme mit deiner Frau Lehrerin schon klar. Mach dir keine Sorgen wegen Karol. Kopf hoch! Głowa do góry!«

Ehrlich gesagt habe ich mir aber doch Sorgen gemacht. Frau Meister kann knallhart sein, wenn sie was will. Vor allem aber, wenn sie was *nicht* will.

Und so war es dann auch. Marek Adam kam zurück wie ein begossener Pudel. »Du lässt Karol besser hier. Oder ich nehme ihn mit ins Geschäft. Das ist die vernünftigste Lösung.« Er hat mir nicht in die Augen gesehen.

Meine Mama wollte mich trösten. »Ich kann auf ihn aufpassen. Morgens bin ich ja zu Hause.«

So war es inzwischen nämlich: Jeder von uns hatte Karol gern. Sogar meine Mama, die ihn anfangs nicht wollte.

Ab da habe ich mich jeden Morgen sehr ausführlich von Karol verabschiedet. Nur am Frankfurt-Tag habe ich es ein bisschen anders gemacht. Karol hat mich lange angeschaut, da habe ich nachgegeben. Ein Museum ist ja keine Schule.

»Geht heute klar, Bruder«, habe ich gesagt. »Du musst aber stillhalten.«

»Bruder«, das ist ein super Wort. Das sagen Omer, Yussuf, Dilan und Rafi immer. Man muss auch kein echter Bruder sein, um »Bruder« zu sagen. »Bruder« ist eher so was wie ein bester Freund. Meine Maus hat jedenfalls gleich die Ohren aufgestellt, als ich »Bruder« gesagt habe.

Der Bus nach Frankfurt stand schon vor der Schule. Die Specht- und Hummel- und Pinguinkinder haben ihre Nasen an die Fenster gedrückt und waren neidisch. Ganz ehrlich, das habe ich

verstanden. Der Bus war nämlich riesig. Wir hätten alle mitnehmen können. Aber es war auch super, nur mit der Igelklasse zu fahren.

Wir sind 19 Kinder. Deshalb bleibt ein Kind immer übrig, wenn wir Zweiersachen machen. Das war an dem Tag aber mal nicht ich. Mariam hat sich einfach neben mich gesetzt. Sie hat auf ihren Ranzen geklopft. »Ich hab da Baklava drin. Ist lecker und für später.«

Ich habe auch auf meinen Ranzen geklopft. »Ich hab da meine Maus drin. Ist nicht lecker. Auch nicht später.«

Mariam hat gelacht und wollte die Maus sehen. Ich habe meinen Rucksack aufgemacht, aber nur ein bisschen, und meinen Finger auf die Lippen gelegt. Mariam hat Karol an ihrem Finger knabbern lassen. Da hatte ich Mariam noch lieber. Wir waren jetzt Freunde.

In dem Bus gab es einen Fernseher und ein Klo. Man muss gar nicht raus, wenn man mit ihm unterwegs ist. Da sieht man mal, wie gut das gemacht ist. Nur leider war der Fernseher bei uns aus, und das Klo war zu. Deshalb mussten wir später doch halten.

Aber erst mal sind wir die Kölner runter. Wir sind wirklich vorbei am Kio von Herrn Hoppe. Dann an der Packstation, wo mein Tata immer Pakete abgibt. Auf der Seite sind noch der Dönerstand von Yussufs Papa, Shakiras Modeparadies, die Fundgrube, das Barbiergeschäft, KIK, Palermo und Woolworth. Dann waren wir schon in ganz fremden Straßen. Irgendwann kam eine große Brücke, und unter uns war Wasser. Da war ganz schön was los bei uns, weil ziemlich viele von uns gedacht haben, das wäre das Meer.

»Hallo, hallo, Igelklasse.« Frau Meister hat stark versucht, nicht zu lachen. »In welcher Stadt wohnen wir? Und an welchem Wasser liegt die?«

»Mann, ihr Blödies«, hat Kübra gestöhnt. »Das weiß doch jedes Baby.«

»Dieses Meer ist ziemlich leer.« Das war natürlich Zaharia. In seinem Kopf sind die Reime schneller als die Sätze. Deshalb wird er auch Gedichter, wenn er groß ist.

Jetzt hatten wir es alle. Es ist nämlich so in unserer Klasse: Oft kommt die Antwort zur gleichen Zeit in unsere Köpfe.

»Na klar, ihr Weltklassekinder. Das ist der Rhein«, hat Frau Meister gesagt.

Niemand soll denken, dass wir Igelkinder dumm sind. Es ist nur so, dass nicht jeder schon mal das Meer gesehen hat. Polen zum Beispiel liegt am Meer, meine Stadt Milicz aber nicht. Außerdem ist ein Meer kein Fluss. Man sieht, das ist eine komplizierte Sache mit viel Wasser.

Frankfurt war auch kompliziert. So viele Straßen und Häuser und Brücken habe ich noch nie auf einem Fleck gesehen. Keiner hat mehr was gesagt, als wir in Frankfurt angekommen sind.

Nur Mariam war nicht still. Kurz vorher war sie heimlich in die Gepäckablage geklettert. Dann ist sie abgestürzt. Alle um sie rum sind aber sitzen geblieben, Rafi und Omer vor mir und ich auch. Deshalb ist sie auf uns draufgefallen und hat sich nicht sehr wehgetan.

»Gut gemacht, Mariam«, hat Frau Meister gesagt. »Weich landen, darauf kommt es an, wenn man irgendwo runterfällt.«

Alarm im Museum

Der Bus hat vor einem schönen alten Haus gehalten. Die Bustüren sind aufgegangen, und dann hat der Fahrer uns allen geholfen, die Stufen runterzusteigen. Die sind nämlich für Erwachsene gemacht und waren viel zu hoch.

Beim Aussteigen haben ein paar Kinder sich in ihren Sprachen bedankt. Da hat der Busfahrer ganz schräg geguckt und gefragt, ob wir auch Deutsch können und ob wir überhaupt aus Deutschland sind.

Frau Meister ist sauer geworden, das konnten wir gut sehen. »Alle Kinder in diesem Bus sind aus Deutschland. Sonst wären wir ja nicht hier.«

Das war nicht die einzige Aufregung. Im Museum mussten wir unsere Rucksäcke und Ranzen abgeben. Billie wollte aber ihre Wäscheleine mitnehmen: »Das ist mein Lasso. Das brauche ich.«

Es gab ziemlich viel Hin und Her zwischen Frau Meister und den Museumsleuten. Am Ende hat sich Billie ihre Wäscheleine an den Gürtel geknotet.

Auch für mich war das ziemlich übel. Ich wollte meinen

Rucksack nicht abgeben. Wegen Karol natürlich. »Ich muss mal«, habe ich deshalb sehr laut gesagt. »Es ist sehr dringend.« Ich habe sogar ein Gesicht gemacht wie *Pipi kommt gleich*. Weil ich nicht allein das Klo suchen sollte, ist Dilan mit.

Im Klo habe ich mich dann eingesperrt. Ich habe Karol in die Tasche von meinem Shirt gesteckt. Dann habe ich ihm erklärt, dass er mucksmäuschenstill sein muss. So was versteht eine Maus sofort. Ich habe es an seinen Ohren gesehen.

Irgendwann hat Dilan geklopft. »Alles klar, Bruder?«

»Alles klar.« Ich habe Hände gewaschen, als wäre ich auf dem Klo gewesen. Dann sind wir zurückgegangen, und ich habe meinen Rucksack abgegeben.

Bei unserer Klasse war jetzt eine blonde Frau namens Luzie. Mit ihr sind wir rein durch eine zweite große Tür.

Dahinter war es der Wahnsinn! Weil da gleich die ersten Dinos rumstanden. Wie groß die in echt sind, das merkt man erst, wenn man selbst davorsteht.

Luzie war bei uns, damit wir alles verstehen. Sie hat uns von Dino zu Dino geführt und uns coole Sachen erzählt: Der längste Dino war so lang wie vier Feuerwehrwagen. Der schwerste war so schwer wie eine Herde Elefanten. Der schnellste konnte so schnell laufen wie ein Auto. Sie hat uns Zettel gegeben, und dann durften wir eigene Dinos malen. Wir durften uns auch dazumalen. Und die ganze Zeit hat Karol stillgehalten.

Kurz vor Schluss sind wir noch mal rumgegangen. Wir sollten einen Lieblingsdino finden. Das war natürlich die Idee von Frau Meister. Die hat da schon ihren Plan gehabt.

Viele von uns fanden den *Tyrannosaurus* cool, aber Frau Meister hat gesagt, dass sie den nicht will. Sie wollte keinen gefährlichen, sondern einen netten Dino. Einen, der gut zur freundlichen Igelklasse passt. Einen, den man mit in die Schule nehmen könnte.

Deshalb haben wir Luzie gefragt, ob sie uns einen netten Dino zeigt. Luzie hat überlegt und gesagt, viel über die Schulmanieren der Dinos wäre leider nicht bekannt. »Aber wenn ich mal raten darf ... ich glaube, ich kenne einen gemütlichen Dino. Der hatte einen kleinen Kopf, und da drin war bestimmt nicht viel Platz für Gemeinheiten.«

Luzie ist mit uns zurück in den ersten Raum. Da haben wir

unseren Dino zum ersten Mal gesehen. Er stand ganz still an der Wand.

Ayse ist hingegangen und hat uns vorgelesen, wie dieser Dino heißt. *Stegosaurus*, das war der Name. Er hat uns allen gefallen. Vielleicht, weil der Stego ein bisschen ist wie die Kinder aus der Igelklasse: Er guckt gut zu und wartet erst mal ab, ob man ihn sieht. Oder ob man etwas von ihm will.

»Danke, Kinder«, hat Frau Meister gesagt. »Ein Stegosaurus, das geht klar.« Dann haben wir unsere Rucksäcke zurückbekommen und sind Richtung Ausgang gegangen. Daneben war ein schönes Geschäft. Frau Meister hat eine Schachtel gekauft: »Hier drin ist ein Dino vergraben. Den bauen wir in der Schule zusammen.«

Als sie das gesagt hat, haben ein paar Kinder Heimweh gekriegt. »Es geht gleich los«, hat Frau Meister gesagt. »Wer muss noch mal aufs Klo?«

Kurz darauf wurde es sehr laut, weil ein Alarm losgegangen ist. Wenn irgendwo ein Alarm losgeht, gibt es meistens einen Grund. So was wie Räuber oder Diebe oder Feuer. Das weiß ich von meinem Dziadek.

Frau Meister musste durch die Zähne pfeifen, damit wir sie hören: »Alle Kinder her zu mir. Alle aufstellen.«

Wir haben uns in Zweierreihen aufgestellt. Neben mir war

Dilan. Weil kein Kind übrig war, haben wir sofort gemerkt, dass einer fehlt. Wer es war, das haben Dilan und ich auch gleich gewusst. Es war nicht *einer*. Es war *eine*.

Ich wollte sofort loslaufen und Mariam suchen. Aber Frau Meister hat mich am Kragen festgehalten. »Hiergeblieben«, hat sie gesagt. Ihr Gesicht war vor lauter Angst so grün wie unsere Tafel.

Der Gruselschrank

Hier ist, was mein Dziadek mir noch zu Alarmen erzählt hat: »Viele Geschäfte auf der Kölner haben eine Alarmanlage. Damit ihnen nachts nicht das Geld aus der Kasse geklaut wird. Wenn ein Alarm losgeht, weiß die Polizei, dass sie besser schnell kommt. Alle anderen bringen sich in Sicherheit.«

Von einem großen Durcheinander hat er nichts erzählt. Aber so war es: In dem Museum sind alle Leute durcheinandergerannt. Eine Frau in einem grünen Kleid ist ausgerutscht und hingefallen. Ein Mann hat seine Brille verloren und laut geschimpft.

Frau Meister hat uns zurück zum Bus gebracht. Sie hat dem Busfahrer gesagt, er soll auf uns aufpassen. Dann ist sie losgerannt. Zurück zum Museum.

Dilan und ich, wir sind einfach wieder raus aus dem Bus und hinter Frau Meister her. Der Busfahrer hat auch geschimpft, doch wir waren zu schnell. Vor der Tür haben wir Frau Meister eingeholt. »Na gut, ihr zwei«, hat sie gesagt. »Dann kommt ihr eben mit. Aber ihr müsst auf mich hören.«
Im Museum war immer noch großes Chaos. Inzwischen waren auch ein paar Polizisten da mit einem großen Hund.

Frau Meister ist hin zu einem Tisch, an dem lauter Museumsleute saßen. Kurz danach gab es eine Durchsage, dass die kleine Miriam, acht Jahre, sich am Empfang melden soll. »Noch nicht mal einen ganz einfachen Namen kriegen die hin.« Frau Meister war jetzt ziemlich wütend.

»Das ist egal. Wenn Mariam das hört, weiß sie, wer gemeint ist«, hat Dilan sie beruhigt.

Man kann echt nicht glauben, dass Mariam und Dilan verwandt sind! Wo Mariam rumhibbelt, hat Dilan immer die Ruhe weg. So wie jetzt.

Dilan hatte dann auch eine gute Idee. Wir hatten inzwischen nämlich Mariams

Ranzen gefunden, in der Nähe von den Klos. Den hat er Frau Meister gegeben. »Da sollen die Hunde mal dran riechen. Dann finden sie Mariam bestimmt.«

»Na, so was. Ihr beiden seid wirklich zu gebrauchen.«

Frau Meister ist mit dem Ranzen zu einem Polizisten gelaufen. Der war aber ein großer Kopfschüttler, und deshalb ist sie ganz enttäuscht zu uns zurückgekommen: »Ich glaube es nicht. Die suchen mit ihrem Hund lieber was Geklautes als ein lebendes Kind. Falls überhaupt was gestohlen wurde. Manchmal gibt es ja auch falschen Alarm.«

In dem Moment hat Karol in meiner Tasche Radau gemacht. Er hat angefangen, seinen eigenen Schwanz zu jagen. Das hat gekitzelt, und ich musste lachen.

Frau Meister ist eine sehr schlaue Lehrerin. Sogar, wenn sie doppelt wütend ist, bleibt sie schlau. »Sag bloß, du hast da deine Maus drin, Adam. Ich habe es jetzt schon oft verboten, dass du sie mitnimmst. Wir können keine Klassenmaus gebrauchen. Eine Museumsmaus schon gar nicht.«

»Das stimmt, Frau Meister.« Ich habe Karol rausgeholt. »Aber ich glaube, Karol will helfen, Mariam zu finden.«

Frau Meister hat den Mund aufgemacht, aber da hatte ich Karol schon auf den Boden gesetzt. Er ist wie ein weißer Blitz losgelaufen.

Im Museum war immer noch so viel los, dass niemand uns aufgehalten hat. Wir sind hinter Karol her und an den großen Dinos vorbei. Karol ist durch viele Türen und Räume mit aufgeregten Menschen gesaust, dann eine Treppe hoch.

Irgendwann war da ein stilles, dunkles Zimmer, ganz am Ende des Museums. Ein Zimmer mit einem riesigen Schrank in einer Ecke. Es war ein richtiger Gruselschrank, denn da waren lauter Gläser mit eingemachten Tieren drin. Die haben schaurig ausgesehen: Eidechsen, Frösche und so was. Alle mit riesigen Augen.

In dem Schrank waren auch zwei Türen. Dort hat Karol sich auf die Hinterbeine gesetzt. Genau wie am ersten Tag, als ich ihn gefunden habe. Er hat die Ohren gespitzt, seinen Kopf stillgehalten und mich mit seinen roten Augen angesehen. Ich habe ihn auf die Hand genommen. Ich konnte fühlen, wie sein Herz schlägt.

Mit dem Schrank war was, so viel war klar. *Eierklar* hätte Kübra gesagt, aber die war im Bus.

Frau Meister hat über ihre Schulter geguckt. In einem Museum darf man nämlich nichts anfassen. Sie hat sich hingekniet. Dilan und ich, wir haben uns auch hingekniet. Dann hat Frau Meister eine Schranktür aufgemacht.

Ganz hinten in einer dunklen Ecke hat Mariam gehockt. Sie hat ganz klein und zerzaust ausgesehen. Einmal bin ich mit meinen Freunden in Milicz auf einen Baum geklettert und habe ein Nest mit jungen Vögeln gesehen. So in etwa war das jetzt mit Mariam.

»Mariam. Du brauchst dich nicht zu verstecken. Wir sind da, und wir passen gut auf dich auf. Dilan ist da. Adam ist da. Ich bin da. Die Maus ist auch da.« Frau Meisters Stimme war ganz leise.

»Karol«, habe ich stolz gesagt.

»Ja, genau, Karol hat dich gefunden. Draußen scheint die Sonne, und die beste Klasse der Welt wartet auf dich im Bus. Wir fahren zurück in die Zwirnstraße. Zurück zu unserer Schule. Zurück zu deinen Eltern. Mariam?«

Mariam ist dann ganz langsam aus dem Schrank gekrochen. Als sie draußen war, hat sie ihren Rock glatt gestrichen.

»Geht in Ordnung.«

Wir haben sie kaum gehört, so leise war sie.

Karol, die Rettermaus

Frau Meister hat uns nie gesagt, warum es den Alarm gegeben hat. Aber ich habe es rausbekommen: Wir haben Mariam verloren, als wir in das Geschäft sind. Sie hat Angst gehabt, dass sie uns nicht mehr findet, deswegen ist sie so schnell gelaufen, dass sie gegen einen Dino gestoßen ist. Der Alarm ist losgegangen, und sie hat noch mehr Angst bekommen. Dann hat sie sich versteckt. So schnell kann aus einer kleinen Sache eine große werden.

Nach dem Museum war Wochenende.

Am Montag drauf hat Frau Meister einen Stuhlkreis gemacht. »Alle Menschen machen mal was falsch«, hat sie gesagt. »Und alle haben vor irgendetwas Angst.«

Wer wollte, konnte was dazu sagen.

Ayse hat gesagt, sie hat Angst vor Spinnen.

Yanis hat Angst vor langen Sätzen.

Francis hat Angst, dass ihre Oma stirbt.

Rafi hat Angst vor jedem Sportfest.

Yussuf hat Angst, dass seine Eltern zurück in den Libanon wollen. »Da wird immer noch geschossen.«

Ich habe gesagt, dass ich Angst habe, Karol zu verlieren.

Mariam hat sich alles angehört. Sie hat nichts gesagt. Artem hat auch nichts gesagt. Aber sonst haben alle was gesagt.

Irina hat sich als Letzte gemeldet: »Meine Mama will nicht zurück nach Russland, weil Russland einen Krieg gegen die Ukraine angefangen hat. Das findet sie nicht gut. Ich auch nicht. Das wollte ich sagen, für Artem jetzt.«

Artem hat bloß genickt. Wie immer war er der große Schweiger. Er hat so eine blau-gelbe Bommel, mit der war er schwer beschäftigt.

»Ich fasse mal zusammen. Die meisten Menschen haben vor irgendetwas Angst. Aber in der Igelklasse sind wir alle sicher. Und wir sind alle gleich wichtig.«

»Das ist doch eierklar«, hat Kübra gesagt. »Das steht so in den Klassenregeln.«

Igelkinder sind alle gleich wichtig.

Frau Meister hat ein ganz neues Schreibheft aus ihrer Tasche gezogen. Es war dick und hatte einen roten Einband. Sie hat es in der Leseecke abgelegt und gesagt, dass wir schreiben oder malen können, wenn uns was zum Alarm einfällt. Oder zu unseren Ländern. Oder auch zu irgendetwas anderem. »Die Geschichten sind geheim. Wir lesen nur vor, wenn ihr das wollt.«

Dann hat sie in ihrer Schönschrift auf das Buch geschrieben:

Das Igelkinder-Geschichtenbuch

Das war aber noch nicht alles. Frau Meister hat nämlich der ganzen Klasse erzählt, wie Karol Mariam gefunden hat. Sie hat ihre Tasche noch mal aufgemacht und einen großen Umschlag rausgeholt. Darin war eine große Medaille aus Goldpapier.

»Eigentlich dürfen Mäuse ja nicht in Schulklassen. Aber für Karol machen wir eine Ausnahme. Er ist jetzt unsere Rettermaus. Dafür habe ich ihm einen Orden gebastelt.«

Am nächsten Tag hat mein Dziadek einen neuen Käfig gebracht. Ich konnte an seinem Gesicht sehen, dass ihm das besonders gut gefallen hat. Weil er am Ende doch recht gehabt hat. Karol durfte in die Schule.

Frau Meister hat sich sehr für den Käfig bedankt. Sie hat mich aufgerufen, und ich durfte die Goldmedaille an den Käfig hängen. In ihrer Frau-Meister-Schönschrift stand darauf: Karol, die Rettermaus. Auf Polnisch hat sie es auch noch mal geschrieben, nur für mich: Karol bohaterem.

Das war alles wie Weihnachten und Geburtstag zusammen. Außerdem war Dilan jetzt mein Freund. Und weil Dilan mit den coolen Jungs zu tun hat, mit Henri, Omer, Rafi, Yussuf und so, durfte ich mit denen jetzt auch in der Pause Fußball spielen.

Sie haben schnell gemerkt, dass ich das nicht gut kann. Aber Dilan hat gesagt: »Schneller als Rafi bist du locker.«

Rafi hat böse geguckt. Er ist nämlich echt langsam. Frau Meister hat uns verboten, ihn deshalb zu ärgern. Das ist Dilan auch gerade eingefallen. Er ist zu Rafi gegangen. »Alles gut, Bruder«, hat er gesagt, und damit war es erledigt.

Ein paar Tage später hat Frau Meister die Schachtel, die sie im Museum gekauft hat, aufgemacht. Darin waren ein großer grauer Block und lauter kleine Werkzeuge. Ganz winzige

Hämmer und Schaufeln und so was. »Damit kann man die Dinoknochen ausgraben und dann zusammensetzen. Genauso wie Archäologen, wenn sie echte Dinoskelette finden.«

In dem Moment ist Frau Grützkow in unsere Klasse gekommen. Mal wieder ohne zu klopfen, was ziemlich nervig ist. »Vor den Ferien ist Lesewettbewerb. Mir fehlen noch die Leser aus der Igelklasse.«

Dann hat sie den Karol-Käfig gesehen. Es gab wieder einen spitzen Schrei. »Mäuse sind im Unterricht aber nicht erlaubt! Und schon gar nicht Mäuse, die durch *Apfelkompott* schwimmen!«

Das muss ich ihr lassen. Immerhin hat sie Karol erkannt.

»Das stimmt. Aber Karol ist eine *Rettermaus*, und das ist etwas ganz anderes.«

Frau Meister war wie immer auf unserer Seite. Und was Karol angeht, da hatte sie sich endgültig durchgesetzt.

Das Igelkinder-Geschichtenbuch

In Frankfurt ist Mariam verschwunden. Sie hat sich versteckt, weil sie Angst hatte. Wir haben nicht sofort gemerkt, dass Mariam weg ist. Aber Adam hat es gemerkt, und Dilan hat es gemerkt, und die Maus von Adam hat es auch gemerkt.

Ich mag Adam, weil er tierlieb ist.

Ich bin auch tierlieb. Wenn ich groß bin, will ich Tierärztin werden. Vielleicht sind wir dann wieder in Tula. Das geht aber erst, wenn der Krieg vorbei ist. In Tula hat meine Mama im Krankenhaus gearbeitet. Hier in Deutschland sucht sie noch eine gute Arbeit. Bis dahin müssen wir sparen. Aber wenn sie Geld hat, dann kauft sie mir schöne Kleider, und ich ziehe mich an wie eine Prinzessin.

Ich bin gerne in Deutschland, vor allem wegen der Igelklasse. Aber ich habe noch keine beste Freundin. Das ist schade. Am liebsten will ich, dass Ayse meine Freundin wird.

Sonst hätte ich auch gerne eine Maus, nur für mich.

Noch lieber hätte ich einen Hund oder ein Pferd. Wenn man tierlieb ist, dann hat man gerne Tiere um sich.

Ich finde es toll, dass die Maus von Adam Mariam gefunden hat.

Irina

Artem, der Schweiger

In den nächsten Wochen war mal wieder ganz schön was los. Angefangen hat es damit: Herr Schrecklich hat das Geld von unserem Umwelt- und Benefiztag bekommen. Er hat richtigen Gummi und Kleber gekauft und war überall mit seiner großen Leiter unterwegs. Er hat Fensterrahmen verklebt und Löcher gestopft. Das ist dann Abdichten. Dabei durften wir ihm helfen.

Die Helfer haben jeden Tag gewechselt, und alle Klassen waren mal dran. Meistens durfte man dann aber doch nur die Leiter halten oder mehr Dichtgummi holen. Herr Schrecklich hat gesagt, dass es für uns zu gefährlich ist, auf die Leiter zu steigen. Dann ist er aber selber runtergefallen, und Frau Grützkow musste den Krankenwagen rufen.

Herr Schrecklich war eine Woche weg und ist dann mit einem fetten Gips am Arm wiedergekommen. »So einen Gips habe ich mir immer schon gewünscht.« Er hat über das ganze Gesicht gestrahlt. »Irgendwie bin ich leider groß geworden, ohne mir was zu brechen.«

Er hat uns allen seinen Arm hingehalten. Wir durften was auf den Gips schreiben und malen. In den Pausen hat er weiter Bälle und Einräder rausgegeben. »Das kann ich auch mit einem Arm. Jemand muss sich ja drum kümmern, dass die Pausen Spaß machen.«

Sonst hat Herr Schrecklich aber auch viel in der Sonne gesessen. Er hat nämlich eine Bank neben dem Schulgarten. Der ist eher ein Unkrautgarten. »Irgendwann machen wir daraus ein Paradies«, sagt Herr Schrecklich immer. »Wenn ich mal nichts zu tun habe.«

Frau Grützkow ist in der Zeit mit finsterer Miene an ihm vorbei. Ich glaube, sie hat gemeint, dass er faulenzt. Das ist aber unfair. Herr Schrecklich hat nämlich doch was gemacht. Er hat mit uns geübt, weil ja noch der Lesewettbewerb dran war.

Aus unserer Klasse sind Ayse und Omer die guten Leser. Ihre Bücher hatten sie sich auch schon ausgesucht. Also die, aus denen sie vorlesen wollten. Aber dann gab es Streit, weil Yanis auch mitmachen wollte. Kübra und Omer waren dagegen, weil Yanis stottert.

Frau Meister hat sich alles angehört. »Vertragt euch, Igelkinder! Yanis kann gut lesen. Lesen ist nämlich anders als Reden.«

Kübra wollte davon nichts wissen. Sie hat in den Pausen weitergemeckert. »Lesen sollen Ayse und Omer. Dann gewinnen wir. Ist doch eierklar!«

»Lesen ist dran, und jeder darf ran.« Das war Zaharia. Es war klar, dass er für Yanis ist. Yanis ist sein Freund.

»Lesen ist doch sowieso für Babys.« Yussuf hat den Ball hinter den Schuppen geschossen. »Es kann uns doch scheißegal sein, wer den blöden Wettbewerb gewinnt.«

Jetzt gab es Geschrei, weil *scheißegal* natürlich ein X-Wort ist.

Artem war besonders mies gelaunt. Er hat mit seinen Schuhen Kreise in den Sand gemalt und voll böse geguckt.

»Is' was, Artem?« Kübra hat die Geduld verloren. »Dann spuck's aus.«

Aber Artem hat wie immer nur den Kopf geschüttelt. Ich warte wirklich drauf, dass er mal was sagt. Aber Artem ist total der Schweiger.

Kübra sagt, das ist, weil ihm in der Ukraine eine Rakete auf den Kopf gefallen ist. Francis findet, dass das Quatsch ist. »Wenn einem eine Rakete auf den Kopf fällt, ist man doch tot.«

»Dann kann er mal reden. Wer nicht tot ist, kann was sagen.«

»Das ist gemein, Kübra«, hat Ayse eingeworfen. »Und du hast überhaupt keine Ahnung. Von Raketen nicht und auch von sonst nicht viel.«

»Ach ne, aber *du* hast voll die Ahnung.«

Kübra hat Ayse geschubst. Das wollte Adamma nicht, sie ist nämlich Ayses Freundin. Sie hat Kübra also zurückgeschubst. Artem ist einfach weggegangen, hinter den Geräteschuppen. Er hat den Ball noch zurückgeschossen. Dann hat er sich hingesetzt und gewartet, bis die Pause vorbei ist.

Also, manchmal gibt es Streit bei den Igelkindern. Auch wenn wir es nicht wollen. Das steht ja auch in unseren Klassenregeln:

Aber irgendwie war es einfach eine schlechte Stimmung vor den Sommerferien. Vielleicht war es wegen der Hitze. Oder wegen dem vergrabenen Stego.

Den wollten wir nämlich alle ausgraben. Aber das durften nur zwei von uns machen. Frau Meister hat uns dafür Zahlen erraten lassen. Irina hat die Sieben richtig geraten und Ayse die 16. Und jetzt sollten sie zusammen den Stego ausgraben. Das hat aber Ayse nicht gepasst, weil sie lieber Adamma als Irina wollte. Sie hat das auch so gesagt, und Irina hat angefangen zu weinen.

»Reißt euch zusammen«, hat Frau Meister gesagt. »Sonst nehme ich euch nach den Ferien nicht mit in die Igeldrei.«

Das wollten wir natürlich nicht. Keiner von uns wollte sitzen bleiben und in die Hummelklasse. Wir haben uns also sehr angestrengt, alles richtig zu machen. Das ist nicht immer so einfach, wie es aussieht. Es wurde erst besser, als wir mit dem Dino-Unterricht angefangen haben.

Elefant im Porzellanladen

Es gibt ein super Sprichwort hier. Ein Elefant kommt drin vor und ein Porzellanladen. Schon mal was davon gehört?«

Bei Gelegenheit lässt mein Dziadek gerne raushängen, dass er schon lange hier ist. Dass er am besten Deutsch spricht in unserer Familie.

Drei Leute am Abendbrottisch haben den Kopf geschüttelt: meine Mama, mein Tata und ich.

»Also, es geht ungefähr so: Da ist ein Elefant im Porzellanladen.«

»Und?«, hat mein Tata gefragt. »Das ist doch nett: Elefant, Laden, Porzellan. Eine Tasse Tee vielleicht, Herr Elefant? Wo ist das Problem?«

»Głuptasku, du Dummkopf«, hat meine Mama gesagt. »Porzellan ist zart und dünn und ein Elefant groß und schwer. Das klingt nach Scherben.«

Mein Dziadek hat die Hände zum Himmel gehoben. »Wenn meine Tochter schon so klug ist, dann wäre mein Sohn bestimmt ein berühmter Professor.«

Mein Dziadek sagt ziemlich oft, dass er gerne noch einen Sohn gehabt hätte. Weil der unglaublich gescheit und stark wäre oder so. Das gibt aber immer Ärger.

Prompt hat meine Mama ihren Tata, meinen Dziadek, unterm Tisch getreten.

»Ała«, hat mein Dziadek gesagt. Das ist Polnisch und heißt: *Autsch.* »Wenn ich getreten werde, erzähle ich euch nichts von der Kölner Straße. Aber dann könnt ihr sehen, wo ihr bleibt. Allein und ohne Kenntnisse im fremden Land.«

Mein Tata hat mit der Gabel gedroht. »Geschichten her. Sonst gibt es kein Mittagessen.« Er hat meinem Dziadek sogar den Teller weggezogen.

»Also gut.« Mein Dziadek hat sich gefreut. Denn er findet seine Geschichten immer gut.

»Ein Elefant im Porzellanladen ist deshalb schlecht, weil das Porzellan kaputtgeht, wenn er sich bewegt. Genauso kann man es mit einer Oma im Geschäft für polnische Spezialitäten sehen. Omas gehören nach Hause in ihren Lehnstuhl. Andere Leute sollen für sie einkaufen.«

»Ach so. Und was ist, wenn keiner da ist, der für sie einkauft?«

Mein Dziadek hat nicht auf meine Mama gehört.

»Ich will nur angenehme Kunden wie die schöne Russin. Sie kauft immer Pierogi bei mir. Außerdem hat sie eine Tochter. Die geht auf deine Schule.«

Mein Dziadek hat mich mit seinen himmelblauen Augen angeschaut. Ich wollte gerade was sagen, nämlich dass das die Mama von Irina sein muss, aber meine Mama war schneller.

»Ich wusste gar nicht, dass du *schöne Kundinnen* im Geschäft hast. Da lobe ich mir deinen genauen Blick.« An ihrem Ton konnte man prima hören, dass sie jetzt *sehr* eingeschnappt war.

»Jetzt komm mal zur Sache, Marek Adam. Ich muss gleich Pakete fahren.« Mein Tata hat auf seine Uhr geschaut.

Mein Dziadek hat erst einen großen Schluck Kaffee getrunken.

»Omas sollten, wie gesagt, nicht in ein Geschäft für polnische Delikatessen gehen. Verwirrte Omas erst recht nicht. Heute war aber eine da. Mit Turban oder so.« Mein Opa hat mit der Hand um seinen Kopf gewedelt.

»Du meinst mit einem *Kopftuch*«, hat meine Mama korrigiert. »Das tragen die Frauen, wenn sie muslimisch sind.«

»Egal. Sie hat ganz schön abgeräumt. Zwei Wagen hat sie vollgemacht mit Kabanossi, Pierogi, Sauerkraut und guter polnischer Schokolade. Dann ist sie einfach so raus aus dem Geschäft.«

»Dobry Boże!«, hat meine Mama gesagt. »Lieber Himmel! Ist was kaputtgegangen?«

»Nichts ist kaputtgegangen. Aber weil sie nicht gezahlt hat, habe ich die Polizei gerufen. Die wusste auch nicht weiter, weil sie nämlich nichts verstanden hat.«

»Die Polizei konnte kein Arabisch.«

»Genau. Bis dann zwei andere Frauen gekommen sind. Bestimmt waren das ihre Töchter. Die haben die alte Frau aus dem Laden geführt. Sie haben auch mit ihr geschimpft, glaube ich. Da hat sie mir leidgetan.«

»Wenn sie dir leidgetan hat, dann hast du vielleicht doch ein Herz.« Meine Mama hat mit der Gabel auf das Hemd von meinem Opa gezeigt. »Obwohl man das nicht glauben kann, dass da ein Herz drin ist.«

»Dokładnie. Genau, ein großes, gutes polnisches Herz schlägt in meiner Brust.« Mein Dziadek hat sich die Hand an die Brust gelegt. Dabei hat er ein extratrauriges Gesicht gemacht. »Und dieses Herz sagt mir, dass die Oma sich im Laden geirrt hat. Vielleicht hat sie sich auch in der Straße oder sogar im Land geirrt. Vielleicht weiß sie nicht einmal, wo sie ist. Wenn du mich fragst, sie war ganz verwirrt. Ihre Familie sollte besser auf sie aufpassen.«

Es war eine Weile still in der Küche. Wir waren alle traurig nach dieser Geschichte. Dass es eine Geschichte über die Oma von Mariam und Dilan war, habe ich erst später kapiert. Das macht die Sache aber nicht besser. Ganz im Gegenteil. Das war erst der Anfang von einem langen Ärger zwischen meinen Freunden Mariam und Dilan.

Ein Yudi

Ayse und Irina haben den Stego wirklich schnell ausgegraben und zusammengesetzt. Er war ungefähr so groß wie die Hand von Frau Meister. Den Kopf und den Schwanz und die Beine konnte man bewegen. Weil wir anderen in der Zeit Dinos geknetet haben, war da jetzt ein richtiger Dino-Zoo auf der Fensterbank.

Und jetzt kam auch der Dino-Unterricht.

»Damit ihr noch was lernt, bevor das Jahr vorbei ist.« Frau Meister war wild entschlossen. »Stegosaurus heißt *Dachechse*. Das hat damit zu tun, dass er spitze Rückenplatten hatte, die er umklappen konnte wie ein Dach. Ein Stegosaurus war sehr groß, aber er war friedlich. Er hat nämlich am liebsten Pflanzen gefressen. Er war also Vegetarier.«

»Wie Frau Grützkow. Die sieht auch aus wie ein Stego.«

»*Kübra!*« Frau Meister wollte schimpfen. Das hat aber nicht geklappt, weil sie sich das Lachen verbeißen musste. »Da gibt es schon Unterschiede. Ein Stego kann keine Schule leiten. Dafür ist sein Gehirn zu klein.«

Zur Projektwoche hat Frau Meister dann jede Menge Zeitungen und Plastikeimer und Kleister mit in die Schule gebracht. Wir mussten sehr lange Papierschnipsel reißen. Frau Meister hat den Kleister angerührt. Dass sich *Meisterkleister* reimt, hat sie irgendwann selbst gemerkt. Wir haben alle gelacht. Frau Meister am lautesten. Nur Mariam und Dilan nicht. Die haben sich böse angeguckt wie nur was.

Ich wusste nicht, was ich machen sollte. Ich hatte immer noch nicht kapiert, was los ist. Manchmal bin ich ein ganz schöner Dummkopf. Nie kapuję.

Wenn man Kleister mit Zeitungsschnipseln mischt, kommt Pappmaschee raus. Das ist grau und riecht wie Kleber. Gut ist an Pappmaschee, dass es trocken und fest wird. Nicht gut ist, dass es überall kleben bleibt. Auch da, wo man es gar nicht haben will. Am Ende hatten wir Pappmaschee auf unseren T-Shirts und in den Haaren und auf den Tischen. Wir fanden es super. »Pappmaschee reimt sich auf Schnee. Einer schmilzt weg, der andere macht Dreck«, hat Zaharia gedichtet.

Putzen mussten wir trotzdem: »Igelzwei, das ist eine Igelschweinerei! Ihr schrubbt mir jetzt die Klasse wieder sauber.«

Herr Schrecklich hat uns Schwämme und Eimer gegeben, aber geholfen hat er nicht.

Er hat nur seinen Gipsarm geschwenkt und gesagt, dass der sich in Kleister auflösen würde, und deshalb würde er sich lieber ausruhen.

»Ich will auch 'nen Gipsarm«, hat Saemira gesagt.

Nach dem Klassenputz haben wir auf dem Schulhof mit dem Dino weitergemacht.

Unser kleiner Stegosaurus stand auf einem Stuhl, damit wir abgucken können. Die Eimer mit Pappmaschee waren bereit. Karol war auch da, er durfte aus seinem Käfig und ist um uns herumgesaust.

Als Nächstes hat Frau Meister gesagt, dass wir uns Knochen aussuchen sollen. Sie hat Maschendraht von einer großen Rolle gewickelt. Wir haben Knochen gebogen und die dann mit Pappmaschee beklebt.

Das hat erst großen Spaß gemacht.

Aber wir haben schnell gemerkt, dass es nicht passt. Ein Vorderbein, das Adamma gemacht hat, war doppelt so groß wie das von Rafi. So ein Stego wäre sofort umgefallen.

Die schlaue Idee hatte dann Yanis. Aber wenn Yanis was einfällt, muss man lange zuhören. Weil es immer ewig dauert, bis er einen Satz zu Ende gesagt hat.

»Yu-Yu«, hat Yanis gesagt. »Di-Di.«

Ayse hat als Erste gecheckt, was er wollte. Yanis' Idee hatte mit Yussuf und mit Dilan zu tun. Yussuf ist der größte in der Klasse. Dilan ist der kleinste. Wenn man ein Vorderbein so groß wie Dilan und ein Hinterbein so groß wie Yussuf macht, kann man alles an einem Stego messen.

Frau Meister hat durch die Zähne gepfiffen. Das macht sie, wenn wir zu laut sind. Oder wenn sie was sehr gut findet. »Wir bauen den Stego mit einem *Yudi*. Sehr prima, Yanis.«

Da ist Mariam mit finsterem Gesicht weggelaufen und gegen den Kleistereimer gestoßen.

Das mit der weiteren Projektwoche mache ich kurz. Weil ein Stego einfach riesig ist, haben wir echt lange gebraucht. Der Yudi war gut, aber es war trotzdem viel zu tun. Am Ende haben noch ein paar Lehrer geholfen. Vor allem Frau Taiwo, die die Hummelklasse hat, und Herr Güven, der Musiklehrer.

Als die Knochen getrocknet waren, hat Frau Meister kleine

Haken reingedreht. Sie hat ein paar Knochen zusammengesetzt und dann versucht, sie hinzustellen. Alles ist sofort wieder umgefallen.

Frau Meister hat die Stirn gerunzelt.

»Ich muss mal eine Runde überlegen. Die Lage ist vertrackt. Aber unseren Stego kriegen wir noch vor den Ferien zusammen. Igelkinder, das verspreche ich euch. So wahr ich Salila Meister heiße.«

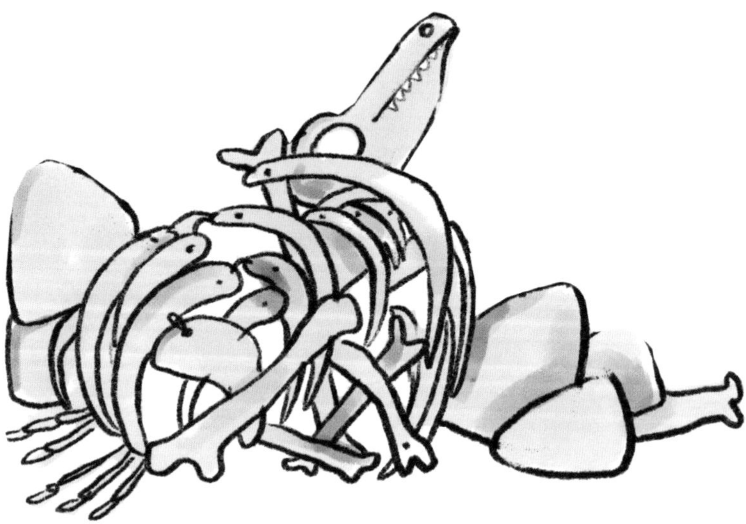

Jack Quilly und seine Tante Matilda

Das, was Frau Meister sich hat einfallen lassen, war der Herr Jack.

Eigentlich heißt er Jack Quilly. Er ist sehr berühmt in unserer Stadt. Er hat immer lustige Ringelpullis und gestreifte Strümpfe an und sagt, dass gute Laune sein Geschäft ist. In seinem Beruf macht er große Figuren, und die setzt er auf Wagen. Wenn Karneval ist, dann stehen alle Leute auf der Straße und winken seinen Wagen zu.

Karneval, das ist eindeutig die beste Zeit im Jahr. Die Leute singen, und sie tanzen. Außerdem sind sie verkleidet. Sie haben bunte Mützen auf und Perücken und Brillen. Sie sind Polizisten oder Vampire oder Eisbären.

Als wir den Herrn Quilly zum ersten Mal gesehen haben, war aber niemand verkleidet. Es war ja Sommer, und er hat uns in der Schule besucht.

»Ihr seid mir eine lustige Truppe«, hat Herr Quilly gesagt, als er uns zum ersten Mal gesehen hat. Er hat sich alles zur

Igelklasse erklären lassen und viele Sachen zu unseren Ländern gefragt. Vor allem wollte er wissen, wo überall noch Karneval ist, und das war schon in ein paar Ländern. In Polen haben wir bal karnawałowy. Da machen aber vor allem wir Kinder mit.

Herr Quilly hat sich das alles angehört und geseufzt. »Es ist schon schade, dass ich nur ein einziges Land habe und nicht so viele wie ihr.«

»Aber, Herr Quilly, das ist doch voll egal, von wo einer herkommt. Hauptsache, hier ist es gut.« Kübra hat mit ihren Fingern auf ihren Bauch gezeigt.

Herr Quilly hat schief geguckt. »Bitte sagt nie wieder *Herr Quilly*. Sagt einfach *Jack*, das reicht.«

Aber einfach Jack war uns zu wenig, weil Jack Quilly schon so alt ist. Am Ende kam *Herr Jack* raus. Das fanden wir alle richtig, und dabei ist es dann geblieben.

Wir sind mit Herrn Jack in den Hof und haben ihm unsere Dinoknochen gezeigt. Dann haben wir uns nach unserer Größe aufgestellt: Yussuf ganz vorne, Dilan ganz hinten. Jeder hatte einen Knochen in der Hand. Herr Jack hat ein Foto von uns gemacht.

»Das geht in Ordnung«, hat er dann gesagt. »Euren Stego zusammenzubauen, das ist für mich ein Klacks.«

Dann ist er mit einem großen Auto auf den Schulhof gefahren. Herr Schrecklich hat ihm geholfen, alle Knochen aufzuladen.

Endlich war wieder Platz für Einrad und für Fußball. Das hat vor allem die Kinder aus den anderen Klassen gefreut. Die waren schon ziemlich sauer, weil wir den ganzen Schulhof für unseren Dino gebraucht hatten.

Jetzt war das ganz große Warten dran. Am Ende vom großen Warten war Frau Meister mal wieder mit Elternzetteln da.

Es gab viel zu lesen. Und zu helfen. Omer und Milan haben sich den Zettel gegenseitig vorgelesen. Dilan hat Yussuf geholfen. Bianka hat sich mit Mariam zusammengetan. Dann haben wir alle gesagt, dass wir fit sind für die Eltern. Dass wir ihnen die Zettel vorlesen können.

Bei mir war an dem Tag nur meine Mama da. Es gab auch kein Mittagessen, sie hatte mit ihren Kostümsachen den ganzen Küchentisch belegt.

»Oh, ihr fahrt zu Jack Quilly!«, hat sie gesagt. »Da komme ich mit.«

Manchmal können Eltern einen ganz schön erschrecken! Meine Mama auf einem Ausflug mit der Igelklasse, das ist extrapeinlich.

Aber sie hat mich ausgelacht: »War nicht ernst gemeint. To tylko żart. Bitte grüß mir den Herrn Quilly und sag ihm, dass ich die besten Kostüme in der Stadt mache. Er soll mich mal am Theater besuchen.«

Ein paar Tage später sind wir Straßenbahn gefahren. Weil ich so viel mit meinem Tata unterwegs bin, wusste ich, dass wir in der Nähe von der Universität waren. Wir sind in eine schöne Straße mit hohen Bäumen gelaufen. Dann zu einem Haus aus roten Steinen. Herr Jack war schon auf der Treppe und hat sich gefreut.

»Meine Weltklasse, da bist du ja!«, hat er gesagt. »Kinder, ihr habt mir richtig gefehlt.«

Er hat uns in sein Atelier geführt. Das ist riesig und so bunt und lustig wie seine Socken. Überall waren Farben und Pinsel.

Herr Jack hat einen Vorhang aufgezogen. Dahinter war dann eine Art Käfig. Und in dem Käfig – war unser Stego! Ich habe mich ziemlich erschrocken. Weil ein Riesendino im Museum doch noch mal was anderes ist als ein Riesendino in einem Zimmer.

»Wenn ihr mich fragt, euer Dino sieht aus wie meine Tante Matilda.« Das hat Herr Jack gesagt, und Frau Meister musste lachen.

»Gute Idee. Wir nennen den Dino Matilda. Das ist unser Dankeschön an Sie, lieber Herr Jack. Was meint ihr denn dazu?«

Natürlich waren wir alle einverstanden.

Dann gab es noch was zu tun. Der Käfig um Matilda war kein richtiger Käfig. Es war ein Gerüst, das Herr Jack gebaut hatte, nur für uns. Da durften wir drauf, mit Malerkitteln und Sprühflaschen. Dann haben wir den Dino bunt angesprüht. Jeder in seinen Lieblingsfarben. So ging es los mit unserer Matilda.

Matilda

Fenstergespenster

Wir mussten warten, bis Tante Matilda voll getrocknet war, vorher konnte sie nicht umziehen. Das hat lange gedauert.

In der Zeit haben auch die anderen gemerkt, dass Stress war zwischen Dilan und Mariam. Ganz besonders, als Franzi zu uns gekommen ist.

Frau Meister hat Franzi in die Schule mitgebracht. Dazu hatte sie an einem Tag ihr großes Fahrrad dabei. Das hat drei Räder und einen Anhänger. Es hat auch einen Motor. Deshalb hört man Frau Meister an ihren Fahrradtagen schon von Weitem. Es knattert und pufft, wenn sie auf den Schulhof fährt.

»Die arme Palme habe ich vom Sperrmüll gerettet. Die kriegen wir aber wieder lebendig. Sie braucht nur ein bisschen Pflege und jeden Tag Wasser.«

Mariam und Dilan waren sofort da und wollten die Palme hochtragen. Aber dann hat Mariam geguckt wie der böse Wolf aus unserem Märchenbuch. Dilan ist abgebogen. Ich bin dann hin zu Mariam. Auch wegen unserer Klassenregeln:

Igelkinder sind hilfsbereit.

Aber mich wollte Mariam auch nicht: »Hau ab.«

Sie hat mich böse angeblitzt. Dann hat sie die Palme allein hochgetragen. Weil die Palme größer ist als Mariam selbst, hat das gedauert. Sie musste Franzi jede einzelne Stufe hochzerren. Vor der Klassentür hat Mariam kaum noch Luft gekriegt.

Zaharia hat sich als Erster zu ihr getraut: »Das Tragen einer einzigen Palme kann sehr ermüdend sein.«

»S-s-selbst schuld, wenn sie keine Hilfe will.« Das war Yanis.

»Ach du Scheiße, und der will zum Lesewettbewerb!« Kübra war schon wieder sauer.

Artem hat böse geguckt.

»Was ist los, was guckst du, Artem?«

Und schon wieder war der Streit da.

Frau Meister war jetzt auch sauer. Das habe ich an der Art gemerkt, wie sie die Klasse aufgesperrt hat. »Ich frage mich wirklich, was mit euch los ist. Wir können doch nicht ständig Ausflüge machen, damit ihr euch vertragt. Wir können nicht immer zu Jack Quilly fahren. Vielleicht bringt uns die Palme auf andere Gedanken. Sie heißt übrigens Franzi.« Frau Meister hat eine Flasche aus ihrer Tasche geholt und sie aufs Pult geknallt. »Das hier ist Palmendünger. Wir machen gleich einen Gießplan.«

Die meisten von uns fanden das gut.

Zaharia hat sofort gedichtet: »Eine Palme im Fenster vertreibt die Gespenster.«

»Be-st-immt wird die wieder grün«, fand Henri. »Und wir vertragen uns für immer und ewig.«

In dem Moment ist Frau Grützkow zur Tür reingekommen. Mal wieder ohne anzuklopfen. Sie hatte einen ganz roten Kopf. »In Ihrer Klasse fehlt noch eine Deutscharbeit, Frau Meister. Bald sind Zeugniskonferenzen, und die Igelklasse hinkt hinterher. Vielleicht sollten Sie hin und wieder etwas Unterricht machen. Statt Dinos zu bauen. Oder Mäuse zu füttern. Oder tote Palmen anzuschleppen.«

»Die Palme ist nicht tot. Sie ist ...«

Weiter kam Frau Meister nicht. Mariam ist aufgesprungen. Sie hat durch die Klasse geschrien: »Dilan ist ein Scheißcousin! Er soll sich um seinen eigenen Kram kümmern.«

Da ist Dilan auch aufgesprungen und an Frau Grützkow vorbei aus der Klasse gerannt.

Frau Grützkow hat mit dem Kopf geschüttelt: »Diese Klasse ist ein Irrenhaus.« Dann ist sie auch gegangen und hat die Tür zugeknallt.

»Igelkinder, so kann es mit uns nicht weitergehen.«

Als Frau Grützkow draußen war, ist Frau Meister auf ihren Stuhl gesunken. »Hier muss alles besser werden. Und zwar schleunigst. Adam, du gehst und suchst Dilan. Ich gucke nach, ob uns wirklich eine Deutscharbeit fehlt.«

Es war komisch, so alleine durch die Schule zu gehen. Die Hummelklasse hatte ihre Tür auf, und Frau Taiwo hat mir freundlich zugewinkt. Ich bin durch das ganze Haus. Durch die Aula und durch den Musiksaal. Dann bin ich zum Jungsklo. Dort war eine Tür zugesperrt.

»Dilan.«

Es kam keine Antwort. Aber ich war mir sicher, dass Dilan drin war. Ich habe nämlich seine Füße gesehen. Also bin ich zurück in die Klasse. Frau Meister hat Herrn Schrecklich gerufen. Wir sind alle zum Jungsklo, um Dilan zu befreien. Er hat angefangen zu weinen, als Herr Schrecklich seinen Schlüssel ins Schloss gesteckt hat.

»Heulbaby«, hat Kübra gesagt, als sie ihn gesehen hat. »SCHLUSS JETZT!« Das war das erste Mal, dass Frau Meister laut wurde. Es gab ein richtiges Donnerwetter.

Wir sind dann ganz leise zurück in unsere Igelklasse. Wir hatten ein schlechtes Gewissen. Niemand will Frau Meister ärgern. Słowo daję. Deshalb haben wir uns alle mit der schnellen Deutscharbeit ganz besonders angestrengt. Es war so still in der Igelklasse, dass ich gehört habe, wie Karol seine Möhre isst.

Nach der Deutscharbeit mussten wir zu Herrn Schrecklich zum Schulhoffegen. Schulhoffegen ist immer dann, wenn wir etwas angestellt haben.

»Können wir nicht lieber Mathe machen?«, wollte Adamma noch wissen.

»Morgen wieder. Manchmal braucht auch eine Lehrerin Pause. Sogar wenn sie die tolle Weltklasse unterrichtet.«

Das Igelkinder-Geschichtenbuch

Dilan und ich sind sonst beste Freunde. Wir sind auch verwandt. Unsere Mamas sind Schwestern. Deshalb ist Dilan mein Cousin. Ich bin seine Cousine. Unsere Wohnungen sind im selben Haus. Das gefällt mir.

Weil wir verwandt sind, haben wir die gleiche Oma. Sie heißt Oma Daja. Sie wohnt bei uns.

Man muss gut auf Oma Daja aufpassen, weil sie sonst Unsinn macht. Wenn sie allein rausgeht, verirrt sie sich. Sie erinnert sich noch gut an die Sachen von ganz früher. Aber Sachen von heute fallen ihr aus dem Kopf.

Das Aufpassen auf unsere Oma Daja macht meistens meine Mama. Nur manchmal soll es die Mama von Dilan machen. Also, wenn meine Mama wegmuss. In letzter Zeit muss sie öfter mal weg, weil sie Deutsch lernt.

Als Dilans Mama auf unsere Oma aufgepasst hat, ist sie abgehauen und hat sich verlaufen. Sie ist die Kölner Straße hoch. Sie ist die Kölner Straße runter. Sie ist in viele Geschäfte rein. Das gab viel Ärger. In den *Polnischen*

Spezialitäten hat sie zu viel gekauft. In der *Fundgrube* hat sie sogar die Regale ausgeräumt. Dabei sind auch Sachen kaputtgegangen. Das muss jetzt jemand bezahlen.

Der Streit um das Geld und um unsere Oma Daja ist eigentlich ein Elternstreit. Aber jetzt streiten auch Dilan und ich. Eigentlich streitet die ganze Igelklasse. Das ist doof. Ich will, dass alles wieder gut ist.

Mariam

Ein Herz für Matilda

Eine Woche später ist Matilda auf einem großen Auto zu uns gekommen.

Herr Jack war dabei, natürlich. Sonst noch vier andere Männer, die sie getragen haben. Unser Klassenzimmer ist direkt über der Straße und dem Eingang, deshalb haben wir alles gesehen. Weil wir natürlich alle auf Stühlen und am Fenster waren.

Matilda war zu groß für die Tür. Sie ist mit dem Kopf an das Schild gestoßen, auf dem *Grundschule Zwirnstraße* steht. Weil der Matilda-Kopf grün ist, ist dabei Farbe an das Schulwappen gekommen. Auf dem Wappen sieht man ein Knäuel aus Wolle. Aus dem kommen ganz viele Fäden, und viele verschiedene Kinder halten einen davon. Das Wollknäuel ist eigentlich rot. Jetzt war es rot-grün. Frau Grützkow hat geschimpft. Herr Jack hat auch geschimpft und gesagt, dass die Männer aufpassen sollen. Dann haben die Männer es über den hinteren Eingang geschafft, Matilda in die Schule zu bringen.

In der großen Pause durften alle zu Matilda, auch die Kinder der Spechtklasse, der Hummelklasse und der Pinguinklasse

Matilda steht jetzt zwischen der ersten und der zweiten Treppe. Da gibt es eine Ecke, wo die Decke etwas höher ist. Dort hat Matilda gleich sehr zufrieden ausgesehen. Alle haben geklatscht, sogar Frau Grützkow.

»Ich übergebe den fabelhaften Kindern aus der Grundschule Zwirnstraße den schönsten und größten Dino der Stadt«, hat Herr Jack gesagt. Er hatte sich dafür sogar eine Trommel vor seinen Bauch gebunden. »Eine Überraschung habe ich auch noch.«

In seinem Rucksack hatte er zwei Glühbirnen. Die hat er Matilda in den Kopf gesetzt. Dann hatte er auch noch ein rotes Herz dabei. Das hat er zwischen ihre Rippen gehängt.

Und es wurde sogar noch besser: Am hinteren linken Fuß von Matilda war ein Schalter. Den hat er angemacht. Die Augen und das Herz haben geleuchtet und geblinkt. Es war wie der schöne Haarreif von Mariam.

Ich habe geguckt, was Mariam macht. Sie hat allein und traurig auf der Treppe gesessen.

Herr Jack hat noch einen Trommelwirbel gemacht: »Ich bitte alle Kinder der Grundschule Zwirnstraße, auf diesen Dino gut aufzupassen. Er sieht nämlich aus wie meine Tante Matilda.«

»Das machen wir gerne. Vielen Dank, lieber Jack Quilly.« Frau Meister hat ihm die Hand geschüttelt.

»Genau, vielen Dank, Herr Quilly.« Sogar Frau Grützkow war zufrieden. »Ich war von Anfang an *sehr* überzeugt von diesem Projekt. Bestimmt gewinnt die Grundschule Zwirnstraße damit einen Preis.«

»Überzeugt, soso. Ein Preis, soso.« Das war Herr Schrecklich. Gehört haben ihn aber nur die Kinder, die in seiner Nähe standen. Er war mal wieder ganz hinten, weil er nicht so gerne im Mittelpunkt steht.

»Ach ja, eine Bitte habe ich noch. Wenn wieder Karneval ist, möchte ich Tante Matilda auf einem Wagen haben. Die Kinder von der Grundschule fahren natürlich mit.«

»Oje, lieber Jack Quilly, das werden lange Elternzettel.« Frau Meister hat sich ihre Locke aus der Stirn gepustet.

»*Natürlich* fahren die Kinder unserer Grundschule mit, wenn der Dino einen eigenen Wagen bekommt. Das ist doch selbstverständlich.« Frau Grützkow hat so sehr genickt, dass ihr die Brille verrutscht ist.

Dann sind wir alle hin zu den Matilda-Beinen und haben sie umarmt. Wir haben den anderen Kindern erzählt, was ein Yudi ist. Dann haben wir alle anderen Dinos aus unserer Klasse geholt und sie unter Matilda gestellt. Den kleinen Stego und die Knetdinos.

Herr Jack hat Fotos gemacht: »Damit kommen wir bestimmt in die Zeitung.«

»Genau, in die Zeitung«, hat Frau Grützkow gesagt. »Es wird höchste Zeit, dass unsere Schule berühmt wird. Hier gibt es nämlich die besten Lehrer und den allerbesten Unterricht in der Stadt.«

Später mussten wir Herrn Jack Tschüss sagen. Jedes Kind durfte sich aussuchen, ob es dazu einmal auf seine Trommel schlägt oder ihm die Hand gibt. Wir haben ihn zur Tür gebracht und ihm hinterhergerufen. Und zwar so laut, dass man es bestimmt noch in den Geschäften auf der Kölner Straße hören konnte.

Ansonsten war an dem Tag noch Mathe und Franzi-Gießen und Sachkunde. Dann der Schulschluss. Auf dem Weg nach Hause habe ich zwei Väter und zwei Mütter gesehen. Die waren auf dem Weg zur Schule. Ich habe sofort gewusst: Das sind die Eltern von Dilan und Mariam. Zwischen ihnen war eine andere Frau mit blonden Haaren. Oft muss nämlich jemand übersetzen, wenn unsere Eltern in die Schule kommen. Da war ich sicher, dass Frau Meister sich um den großen Streit kümmert. Und das war wirklich allerhöchste Zeit. Denn wenn zwei Igelkinder sich nicht vertragen, gibt es in der ganzen Klasse Ärger. Das war jetzt ziemlich klar. »Eierklar«, hätte Kübra gesagt.

Ein Plan

Kurz darauf ist Karol verschwunden. Mein Tata, der als Letzter aus dem Haus gegangen war, hat behauptet, dass er ihm noch Wasser und Möhrenschnipsel gegeben hatte. Ob er die Tür zum Mäusekäfig richtig zugemacht hatte, das konnte er nicht sagen.

Wir haben in den Nudeln gesucht und im Reis. Sogar im Kühlschrank, da, wo der Käse ist. Mein Tata ist unter alle Betten gekrochen. Meine Mama hat die Stirn gerunzelt und ins Klo geguckt. Ich wusste genau, was sie gedacht hat. Weil nie jemand den Klodeckel zumacht bei uns, war Karol vielleicht ertrunken.

Es war ein stilles Mittagessen. Ich habe gemerkt, dass ich nicht der Einzige war, dem Karol gefehlt hat.

»Ich kaufe dir eine neue Maus.«

»Karol war keine *gekaufte* Maus. Er war eine *gezähmte* Maus. Das ist was ganz anderes.«

Meine Nase hat gekitzelt, und ich musste sie hochziehen. Weshalb mein Dziadek dachte, dass ich gleich weinen würde.

Da war was dran. Deshalb gab es einen ordentlichen Klaps auf meine Schultern. »Ein polnischer Junge weint nicht. Kopf hoch! Głowa do góry.«

»Lass doch den Mist, Tata!« Wenn meine Mama sich genug über meinen Dziadek aufregt, knurrt sie wie ein Hund, dem man seine Wurst geklaut hat. »*Natürlich* darf Adam weinen, wenn er will.«

»Am schlimmsten ist, dass ich auch noch viel Geld für den Käfig bezahlt habe!«

»TATA!«

»Was mich daran erinnert, dass ich euch von der Kölner Straße erzählen wollte. Da geht mal wieder die Post ab.« Mein Dziadek war jetzt groß in Form. »Es ist nämlich so: Ihr erinnert euch an die Oma von neulich?«

»Die mit dem Kopftuch, na klar.«

»Also. Ein paar Tage nachdem sie bei mir war, war sie wieder einkaufen. Diesmal in der *Fundgrube*. Dort ist sie gegen die Regale gestoßen. Die sind umgefallen, und es ist ziemlich viel kaputtgegangen. Gläser und Geschirr und so. Ihre Familie weiß nicht, wie sie den Schaden bezahlen soll. Abdullah vom Barbiergeschäft hat gesagt, dass er was geben will. Auch Habil vom Antalya. Bei der Shishabar war nichts zu holen. Und beim Dönerstand will ich noch fragen.«

Meine Mama hat ihre Gabel sinken lassen. Es gab übrigens mal wieder Pierogi, in fertiger Käsesoße.

»Also, das heißt, dass *du* rumgelaufen bist und Geld sammeln wolltest für die Familie der alten Dame?«

»So in etwa.«

Mein Dziadek hat extrabescheiden geguckt. »Man soll den Menschen ja helfen, wenn sie in Not sind. Trzeba być litościwym. Das hat schon unser Papst gesagt. Außerdem ist es die Oma von Adams Freundin, die neulich hier war.«

»Von Mariam?«, wollte mein Tata wissen.

»Ja, genau. Und deshalb habe ich mir etwas einfallen lassen. Ich habe ja bekanntlich gute Ideen. Deshalb dachte ich an einen Benedingsda-Dino. So wie neulich, als wir Kompott gemacht haben.«

Mein Dziadek hat mich erwartungsvoll angesehen.

»Der erste vegetarische Umwelt- und Benefiztag.« Ich habe versucht, dabei nicht an Karol zu denken, und wie tapfer er durch das Kompott geschwommen ist. Weil meine Nase so gekitzelt hat, musste ich schniefen. Meine Mama hat den Arm um mich gelegt.

»Ihr habt doch jetzt diesen Dinosaurier. Der ist viel besser als vegetarisches Essen.« Dann hat Marek Adam uns seinen Plan erklärt.

Mein Tata und meine Mama waren beeindruckt.

»Das ist ziemlich gut!«, hat meine Mama zugegeben.

»Stimmt, das ist gut. Das kannst du deiner Lehrerin vorschlagen, Adam. Es ist in Ordnung, wenn du sagst, dass es deine Idee war. Übrigens, ein Junge weint nicht.«

»Ich weine doch nicht.«

»Adam weint KEIN BISSCHEN. Aber wenn er mal weint, dann ist das OKAY.«

Mein Dziadek hat nicht hingehört. Er war richtig in Fahrt: »Und noch was. Das Zoogeschäft nebenan, wo ich deine beiden schönen Mäusekäfige gekauft habe, ist jetzt leer. Da war ganz früher mal ein Geschäft für Zierfische drin. Ich habe keine Ahnung, was mit der letzten Besitzerin passiert ist.«

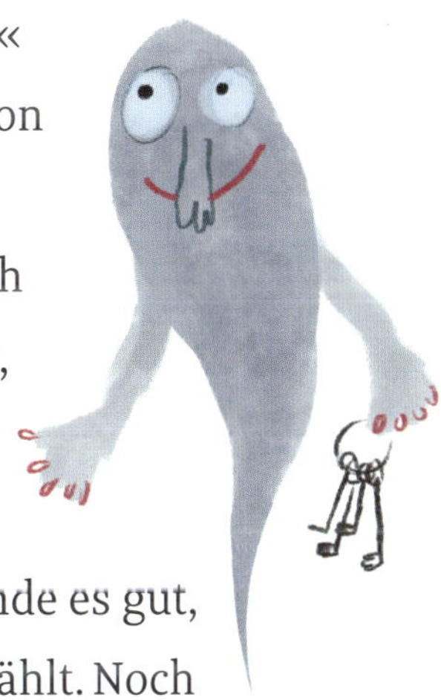

»Das kommt vor«, fand mein Tata. »Klarer Fall von Geschäftspleite.«

»Ja, ABER.« Mein Dziadek hat sich über den Tisch gelehnt. »Abdullah vom Barbiergeschäft hat gesagt, dass es dort spukt, seit der Laden leer steht.«

»Du immer mit deinen Geschichten, Tata.«

Auch wenn es meiner Mama nicht gefällt: Ich finde es gut, dass mein Dziadek immer so viele Geschichten erzählt. Noch besser ist es, wenn er gute Ideen hat. Die Sache mit dem Benedingsda-Dino, das war jedenfalls eine sehr gute Idee.

Wenn wir im Sommer mal nach Holland geh'n

Dann wurde auf einmal alles besser. Ich bin mir sicher, das war wegen Matilda. Sie war erst ein paar Tage da, da hat Adamma zu Irina gesagt, dass sie auch zu dritt mit Ayse Freunde sein können. Einfach so. Sie ist sogar hin zu Irina und hat ihr einen ganz neuen Radierflums geschenkt.

Warum ein Radiergummi bei uns Radierflums heißt, weiß übrigens keiner. Frau Meister meint, dass Saemira das mal gesagt hat, als sie noch nicht so gut Deutsch konnte. Weil allen das Wort gut gefallen hat, ist es geblieben.

Später hat Dilan ein Schokoladenbrötchen aus seinem Ranzen genommen und es auf Mariams Tisch gelegt.

Artem hat mal ein bisschen freundlicher geguckt.

Kübra hat nicht so viel Stress gemacht.

Francis fand, dass Franzi schon gewachsen ist.

Der Erste, der so richtig rausgefunden hat, was Matilda alles kann, war aber Yanis. Er hat sich in den Flitzepausen immer unter Matilda gestellt, direkt hinter das vordere linke Bein. Ich bin mal aufs Klo und an ihm vorbei. Da habe ich ihn gehört.

»V-verrat mich nicht.«

»Mache ich nicht.«

Yanis war nämlich dabei, das Hollandlied zu lernen. Ich glaube, er wollte gut und ohne Stottern durchkommen.

Das Hollandlied gefällt den meisten von uns. Weil es um Ferien geht, spielt Frau Meister es im Sommer immer auf der Gitarre. Sie hat uns auch mal gezeigt, wo Holland liegt. Da kommt niemand von uns her. »Vielleicht wäre ein Türkei- oder ein Albanienlied doch besser für unsere Ferienlaune«, hat sie gesagt.

»Ach nö, Frau Meister.« Kübra war anderer Meinung. »Der Fischer und der Holzschuh und wie sie tanzen, das ist doch super.«

Wenn wir Igelkinder mal angefangen haben, über was zu diskutieren, vergessen wir schnell den Unterricht. Eigentlich sollten wir ja Kopfrechnen üben. Haben wir aber nicht. Wir waren lang und breit dabei, über die schönsten Lieder aus unseren Ländern zu reden. Zaharia hat sogar angefangen zu singen.

Genau da ist Frau Grützkow reingekommen. »Heute ist Anmeldeschluss für den Lesewettbewerb. Ich brauche *jetzt* die Namen aus der Igelklasse.«

»Der Lesewettbewerb, ach so. Ayse Şahin. Omer Yildiz. Sonst noch wer?« Frau Meister hat sich in der Klasse umgeschaut. »Aber nicht mehr als drei Kinder.«

»Okay. Also, sonst noch wer?«

Yanis hat sich gemeldet. »Ich. Ich m-mache m-mit.«

»Gut. Yanis Dimitriou.«

Frau Grützkow hat Frau Meister angeschaut und heftig mit dem Kopf geschüttelt.

Frau Meister hat zurückgeschaut und heftig mit dem Kopf genickt.

»Na gut. Yanis Dimitriou.« Mit einem Achselzucken hat Frau Grützkow seinen Namen aufgeschrieben.

Dann war große Pause. Ich habe getrödelt, damit ich Frau Meister erwische. Es war schon sehr heiß, und sie war mit einem Extra-Sprudelkasten für die Igelklasse beschäftigt. »Ja, Adam? Alles okay bei dir?«

Natürlich hatte Frau Meister schon gemerkt, dass meine Maus weg war. »Ich hoffe sehr, Karol kommt zurück.«

»Eine gezähmte Maus kommt nicht zurück.«

»Man sollte nichts ausschließen. Schon gar nicht ein Wunder.«

Weil meine Nase gekitzelt hat, hat Frau Meister mir ein Taschentuch gegeben. »Danke, Frau Meister. Aber ich wollte nicht über Karol reden. Ich habe einen Vorschlag. Es ist wegen der Oma auf der Kölner Straße. In der *Fundgrube* ist ja viel kaputtgegangen.«

Dann habe ich Frau Meister von unserer Idee erzählt: Wir machen aus Matilda einen Benefizdino. Wir zeigen sie jedem, der sie sehen will, gegen eine Geldspende.

Frau Meister hat mir zugehört und leere Flaschen weggeräumt. »Du weißt also, dass es um die Oma von Dilan und Mariam geht? Hm, darüber muss ich nachdenken. Und jetzt ab mit dir in die Pause.«

Weil es so heiß war, hat Herr Schrecklich im Schulhof einen großen Sonnenschirm aufgestellt und Wasser verteilt. Ich habe einen Becher mit Wasser getrunken, und ich habe eins und eins zusammengezählt: Der ganze Dilan- und Mariam-Streit war eigentlich ein Streit der Eltern gewesen. Und der hatte mit ihrer Oma zu tun.

Als wir wieder hoch sind, war Frau Meister schon am Fotokopierer. Sie hat mir zugezwinkert und geflüstert: »Geht klar.«

Sie ist mit vielen Zetteln in die Klasse gekommen. Darauf stand, dass man Matilda für einen guten Zweck besichtigen kann. Sogar einen schönen Dino hatte Frau Meister dazugemalt.

»Jetzt müssen wir aber noch Kopfrechnen«, hat Frau Meister gesagt. »Igelkinder, gebt alles. 58 plus 23 ist?«

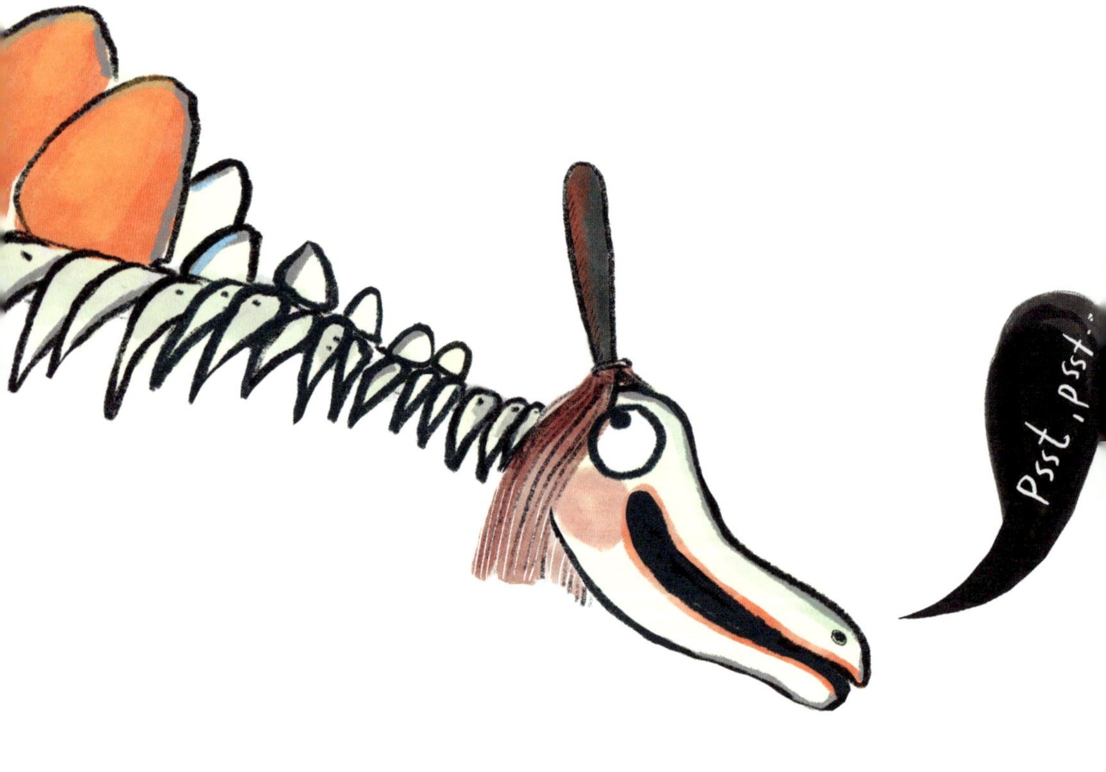

Später, auf dem Weg nach Hause, habe ich kurz bei Matilda haltgemacht. Erst dachte ich, ich hätte mich verhört.

»Du bist ein guter Freund, Adam.«

Ich habe mich umgedreht. Da war weit und breit niemand. Da war nur ich selbst – und Matilda.

Das Igelkinder-Geschichtenbuch

Ein Lesewettbewerb ohne mich geht gar nicht. Zu Hause bin ich immer der Beste im Lesen. Hier will ich auch der Beste im Lesen sein. Bin ich auch. Wenn ich leise lese, bin ich schnell. Vor allem, wenn ich meine eigenen Bücher aus der Ukraine habe. Das Märchen über den alten Löwen zum Beispiel oder die Geschichte von den 36 und 6 Katzen.

Jetzt bin ich aber nicht mehr zu Hause. Meine Matusia und ich sind gerannt. Wir mussten sehr schnell weg, weil unser Haus beschossen wurde. Als wir unten auf der Straße waren, haben viele Leute geschrien und geweint. Ich bin gestolpert, und dabei ist etwas Blödes mit meinem Fuß passiert. Deswegen bin ich viel langsamer als früher.

Ich würde gerne lesen. Was sagen will ich auch gerne. Aber es geht einfach nicht.

Artem

СТАРЫЙ ЛЕВ
Schlürf

Der Lesewettbewerb

Kurz vor den Sommerferien brummt unsere Schule immer wie ein Bienenstock. Alle sind froh und laufen durcheinander. Am Lesewettbewerb-Tag hat es deshalb ziemlich gedauert, bis wir uns vor der Aula aufgestellt hatten. Erst die Hummelkinder, dann die Igelkinder, dann die Spechtkinder, dann die Pinguinkinder. Frau Meister war neben Artem, weil der jetzt meistens das 19. Kind ist.

»Lesen und so, das macht uns froh.« Zaharia war direkt neben mir.

»Wird b-bestimmt toll.«

»Ist doch eierklar. Wird toll, Yanis.« Sogar Kübra war friedlich.

Die Aula war mit Luftschlangen geschmückt. Frau Grützkow hatte schon das Quietsch-Mikrofon in der Hand: »Alle Klassen finden ihre Plätze.«

Das war jetzt nicht schwer, weil die Stühle Aufkleber mit Hummel, Igel, Specht und Pinguin hatten. Da sieht man mal, wie gut an unserer Schule alles geregelt ist.

Mariam ist zu mir gekommen.

»Ist noch frei hier, ja?«

Ich habe nur genickt. Weil ich nicht wusste, was ich sagen sollte. Aber ich war sehr froh. Es war wie früher, vor dem großen Streit.

Zuerst war Maria aus der Hummelklasse dran. Sie hat immer karierte Sachen an. Heute war sogar eine große karierte Schleife auf ihrem Kopf. Sie hat ein Stück über Prinzessin Lillifee gelesen. Dabei hat die Schleife gewackelt. Es war eine schöne Geschichte. Mich hat nur gewundert, dass Prinzessin Lillifee zwei weiße Mäuse hat und dass sie ein verschwundenes Kind sucht. Dabei hat meine Nase angefangen zu kitzeln. Nur ein kleines bisschen.

Nach Maria hat Lukas gelesen. Der hatte ein Lokomotivgedicht. Beim Lesen hat er selbst geschnauft und gezischt, als wäre er eine Lok. Das war super. Nur, im Kohlewagen fährt eine kleine weiße Maus mit. Am Ende fährt die Lok in einen Bahnhof, und die Maus ist ganz schwarz vom Ruß.

Am liebsten wäre ich zu Frau Meister gegangen und hätte gefragt, ob in allen Büchern für Kinder weiße Mäuse mitmachen. Das war, weil meine Nase noch mehr gekitzelt hat. Jetzt war schon Omer dran. Die Igelkinder haben geklatscht, was das Zeug hält. Omer hat mit feierlichem Gesicht ein Buch aufgemacht und sich geräuspert, bis alle wirklich still waren.

In seiner Geschichte ging es um einen Tiger und einen Bären. Die wollten nach Panama. Unterwegs haben sie alle gefragt, wo es nach Panama geht. Das hat mir gut gefallen. Wenn man in ein anderes Land will, muss man nämlich den Weg sehr gut kennen.

Nicht so gut gefallen hat mir, dass die beiden an einer Maus vorbeikommen. Ob es eine weiße Maus war, stand nicht dabei. Aber es hat gereicht. Meine Nase hat noch mehr gekitzelt. In meinen Augen ist das Wasser angestiegen. Mariam hat es gemerkt. Sie hat mir sogar ihren Ärmel hingehalten zum Augen-und-Nase-Abwischen. Ich hatte aber meinen eigenen Ärmel dabei.

Ayse hatte in ihrer Geschichte nichts mit Maus. Sie hat drei Seiten von *Harry Potter und der Stein der Weisen* gelesen. Da stehen schwere Sachen drin. Aber Ayse hat so gut gelesen, dass ich alles verstanden habe. Es gab viel Applaus für Ayse. Ich war mir sicher, dass sie gewinnt.

Frau Grützkow wollte schon die Spechtklasse aufrufen, da hat Frau Meister gesagt, dass wir ja noch ein Kind haben.

Aber Yanis hat sich nicht gerührt. Er ist sitzen geblieben.

Weil kein Pieps von Yanis kam, ist Artem aufgestanden. Er hat Yanis einfach mitgezogen. Weil Artem komisch geht und es etwas dauert, bis er eine Treppe hoch ist, haben ein paar Pinguinkinder gelacht. Da gab es einen Anschiss von Frau Grützkow. Und damit hat sie mal recht gehabt, finde ich. Steht ja auch in unseren Klassenregeln:

Igelkinder lachen niemanden aus.

Yanis hat versucht, was zu sagen, aber er ist hängen geblieben. »Das Ho-Ho-«, hat er gestammelt.

»Das Ho-Ho-Ho«, haben die Pinguinkinder laut gebrüllt.

Das war wirklich schlimm. Ich wollte mir das gut merken, damit wir in der Igelvier nicht so gemein werden wie die Pinguinkinder in der Pinguinvier.

Die Lage war jetzt sehr ernst. Yanis und Artem standen auf der Bühne wie festgewachsen. Niemand hat was gesagt. Frau Meister ist schon aufgestanden. Aber da hat Artem seine Hand gehoben wie ein König. Er hat ins Mikro gepustet. Geräuspert hat er sich auch. Das war der erste Ton, den ich von Artem überhaupt jemals gehört habe.

Frau Meister ist stehen geblieben. So als wären ihre Füße im Meisterkleister.

Artem hat umständlich einen Zettel aufgefaltet. Dann hat er gelesen. Richtig gut hat er gelesen. So gut wie Ayse. Sogar noch besser.

»Das Hollandlied. Is' für Yanis.

Wenn wir im Sommer mal nach Holland geh'n,
woll'n wir fahren an die blaue See.
Dann seh'n wir den Fischer und die Fischersfrau,
das Röckchen rot, die Strümpfe blau.«

Ab der zweiten Strophe war Yanis mit dabei. Ganz ohne Stottern.

»*Er hat Hosen wie ein Rock so weit,*
sie hat ein Häubchen auf zu jeder Zeit.
Und da sollt' man meinen,

Holzschuh' an den Beinen,
tanzen sie zu jeder Zeit den Holzschuhtanz.«

Als Artem und Yanis fertig waren, war es ganz still in unserer Aula. Sogar die Pinguinklasse war still. Irgendwie haben alle gemerkt, dass was Besonderes passiert ist. Frau Meister war dann die Erste, die was gesagt hat. Aber sie hat nichts zu Artem oder zu Yanis gesagt. Das war, weil sie eine sehr schlaue Lehrerin ist.

»Da sieht man mal, wozu so eine Matilda gut ist«, hat Frau Meister gesagt. Dabei hat sie Frau Grützkow angesehen und von einem Ohr bis zum anderen gegrinst.

Unser Benefizdino

Wir hatten alle unsere Zettel auf der Kölner Straße verteilt. Jetzt haben wir gehofft, dass wirklich wer kommt und Matilda für Geld sehen will. Und so war es dann auch.

Am Benefizdino-Tag selbst habe ich als Erstes Herrn Hoppe vom Kio gesehen. Er hat einen ganz krummen Buckel, das kommt vom vielen Bücken unter den Ladentisch. Mit seinem Stock ist er quer über unseren Schulhof gegangen. Kübra ist sofort hin zu ihm und hat ihm Hilfe angeboten: »Wir haben auch einen Fahrstuhl, Herr Hoppe.«

Aber Herr Hoppe ist lieber mit viel Schnaufen unsere Treppe hoch. »Wo ist der Dino? Das Urvieh will ich sehn.«

»Hier, Herr Hoppe.« Kübra ist vor ihm hergelaufen. »Das ist unsere Matilda. Ziemlich viel davon habe ich selbst und allein gemacht.«

Sofort gab es Geschrei von vielen anderen Igelkindern. Denn wir alle hatten ja mitgemacht.

»Bei meinen 17 Enkeln! Euer Dino ist fast so prächtig wie meine Vogelscheuche Henriette. Die brauche ich immer für Erntedank.«

»Henriette ist ein guter Name.« Frau Meister war jetzt auch da, um Herrn Hoppe zu begrüßen. »So heißt nämlich meine Oma.«

»Wo kann ich denn bezahlen?«

Frau Meister hat Herrn Hoppe einen Wollstrumpf hingehalten, und da hinein hat Herr Hoppe einen ganzen Geldschein geworfen.

Inzwischen ist Herr Schrecklich gekommen. Er hat das Herz und die Augen von Matilda angeknipst.

Genau da ist Herr Jack um die Ecke gebogen. Er hatte eine Überraschung für uns dabei: ein Akkordeon, auf dem er Musik gespielt hat. »Das ist der Matilda-Song. Den habe ich selbst komponiert. Ist aber noch nicht fertig. Mir fehlt noch der Text.«

»Wahre Dichtung braucht Zeit«, hat Zaharia gesagt.

Wir haben uns alle an den Hosenbeinen und am Ringelpulli von Herrn Jack festgehalten. So froh waren wir, ihn zu sehen.

»Sie sieht einfach umwerfend aus, unsere Matilda. Was gibt es denn Neues in der fabelhaften Weltklasse?«

»Es gibt großartige Neuigkeiten, lieber Herr Jack«, hat Frau Meister gesagt. »Noch vom Lesewettbewerb. Aber vielleicht will Artem selbst was sagen?«

Artem hat mit dem Kopf geschüttelt. Deshalb hat Yanis erzählt, wie Artem aufgestanden ist und für ihn gelesen hat. Und wie er dann ohne Fehler durch das schwere Hollandlied gekommen ist.

Da hat Herr Jack große Augen gemacht. Er hat gesagt, dass er auch einmal so einen guten Freund hatte, wie Artem und Yanis es sind. Aber dass er ihn leider aus den Augen verloren hätte.

»Aus den Augen kann man aber nichts verlieren«, hat Bianka gesagt. »Da ist doch gar nichts drin. Schon gar kein Freund.«

»Das stimmt natürlich. Das ist eine dumme Redensart. Aber meinen Freund habe ich trotzdem verloren. Leider. Ich weiß noch nicht mal, wo er wohnt.«

Das fanden wir alle sehr traurig. Wir haben Herrn Jack gesagt, dass wir ihm gerne helfen, seinen Freund zu suchen.

»Gute Idee.« Herr Jack war einverstanden. »Das machen wir dann nach den Ferien.«

Jetzt sind immer mehr Leute gekommen. Es ist also immer voller geworden um Matilda herum. Jeder Besucher hat was in den Wollstrumpf von Frau Meister getan.

Ich habe mich besonders gefreut, meinen Dziadek zu sehen. »Dobry Boże«, hat er gesagt, als er Matilda gesehen hat. »Wie gut, dass euer Dino schon tot ist, sonst hätte ich Angst, dass er aus mir Pierogi macht.«

Frau Meister hat meinem Dziadek die Hand geschüttelt und sich bedankt für die gute Idee mit dem Benefizdino.

»Immer doch gerne, meine liebe Frau Meister«, hat mein Opa gesagt und sich gefreut.

Später hat Frau Grützkow gesagt, dass wir jetzt alle in die Klasse müssen. Das war wirklich schade. Es war auch ein bisschen gemein, weil schon fast Sommerferien waren und keiner mehr Lust hatte auf Schule.

»Na los, Igelkinder. Wenn eine Direktorin was sagt, dann muss man das auch machen.«

Aber gelernt haben wir an dem Tag nichts mehr. Wir haben die Tafel gewischt. Wir haben die Bücher abgestaubt und die Leseecke aufgeräumt. Francis hat Franzi Palmendünger gegeben. Ich habe den Käfig von Karol sauber gemacht und bin ein bisschen traurig geworden. Meine Nase hat sogar gekitzelt. Ich habe vertrocknete Möhren und altes Stroh in eine Tüte getan und die in die Tonne im Hof geworfen.

Als ich zurück in der Klasse war, waren die Igelkinder extranett zu mir.

»Deine Maus kommt be-st-immt zurück.«

»Er vermisst dich, ist doch eierklar.«

»N-n-nicht den Mut verlieren.«

Manchmal sind die Igelkinder wie eine zweite Familie. Słowo daję.

Alle gewinnen

Das Geld aus dem Wollstrumpf wollten wir selbst zählen. Weil wir ja schon bis hundert waren, haben wir uns das zugetraut. Da sieht man mal, wie nützlich der Matheunterricht ist.

Frau Meister hat also den Strumpf umgestülpt.

»Krass!« Kübra ist einmal mit der Hand durch den Haufen Scheine und Münzen.

»Damit können wir bestimmt alle Döner von meinem Papa kaufen.«

»Machen wir aber nicht, Yussuf. Das Geld ist für einen guten Zweck.«

Frau Meister hat aus dem vielen Geld kleine Stapel gemacht. Jedes Igelkind hat einen bekommen und musste zählen. »In der Igelzwei wird gerechnet bis zum letzten Tag. Wenn Frau Grützkow jetzt zu Besuch kommt, sind wir gut bei der Arbeit.«

In meinem Stapel war ein roter Schein, dazu viele Münzen. 16 Euro und 73 Cent. Das war wirklich nicht schwer.

Wir haben alles auf Zettel geschrieben. Frau Meister hat alle Zettel eingesammelt und die Zahlen an die Tafel geschrieben. Adamma hat dann addiert, einmal im Kopf, einmal auf Papier. Frau Meister hat nachgerechnet.

»Igelzwei, alles stimmt. Adamma ist definitiv unsere Mathemeisterin.«

Frau Meister hat das Geld in einen großen Umschlag getan. Dann hat sie ihre Tasche aufgemacht.

»Jetzt kommen wir zum Lesewettbewerb. Wir Lehrer haben ziemlich viel nachgedacht. Das müssen wir manchmal, denn wir sind nicht so schlau, wie wir aussehen. Hier ist unser Ergebnis: Es gibt keinen Sieger.«

Dabei hat sie über das ganze Gesicht gestrahlt.

Natürlich waren wir alle enttäuscht.

»Wieso das denn, Ayse hat doch gewonnen!« Irina war empört.

»Yanis, der spinnt, und Yanis gewinnt!« Das war natürlich Zaharia.

»Ich bin für Artem.« Kübra ist rot geworden. Es war das erste Mal, dass sie was Nettes zu Artem gesagt hat.

Frau Meister hat gelacht. »Ihr habt alle recht. Deshalb gibt es in diesem Jahr keinen Sieger. Es gibt drei Sieger. Und es gibt einen Klassensieger. Ich habe drei Büchergutscheine dabei.

Einen für Ayse. Einen für Artem. Einen für Yanis. Und für die ganze Igelklasse gibt es eine Urkunde für fantastische Freundschaft.«

Die Urkunde hatte sie selbst gemacht. Sie war sehr schön, sogar mit Gold und mit all unseren Namen drauf. Frau Meister hat sie groß neben unsere Tafel gehängt. Danach konnten wir nicht länger sitzen bleiben. Alle sind rumgelaufen und haben laut »Hurra« gerufen.

Frau Meister hat durch die Zähne gepfiffen. »Alle Igelkinder auf die Plätze. Sonst nehme ich eure Zeugnisse wieder mit nach Hause.«

Obwohl wir wussten, dass sie das nicht ernst meint, sind wir sofort wieder auf unsere Plätze.

Frau Meister hat die Zeugnisse verteilt. »Ich mache es kurz. Alle sprechen gut Deutsch. Mathe passt, Sachkunde passt. Für Matilda habt ihr alle eine sehr gute Bewertung bekommen. Ihr dürft also mit in die Igeldrei. Alle Kinder werden versetzt.«

Am Ende hat Frau Meister noch ein letztes Zeugnis aus ihrer Tasche gezogen. Das war ein Zeugnis mit nur einem Fach. Und mit einer echten richtigen Note. Alles in der Frau-Meister-Schönschrift:

Zeugnis für: Jack Quilly
Matildabaukunde – Note: Sehr gut
versetzt in die Klasse: Igeldrei

Wir haben unsere Namen oder einen Smiley auf das Extra-Zeugnis gemalt. Frau Meister hat es dann wieder eingesteckt. »Das bringe ich ihm später vorbei. Herr Jack hatte schon Sorge, dass wir ihn nicht mitnehmen in die nächste Igelklasse.«

In dem Moment hat es an der Tür geklopft. »Oh, Besuch.«

Ich dachte schon, dass es Herr Jack war. Aber herein kamen die Mütter und Väter von Mariam und Dilan. Sie hatten einen riesigen Schokoladenkuchen dabei. In der Mitte stand *shukran*.

Das heißt *Danke* auf Arabisch. Frau Meister hat Herrn Schrecklich angerufen, und der hat Teller und Gabeln gebracht.

»Kinder, Kinder, ich werde euch in den Ferien vermissen.« Herr Schrecklich hat sehr traurig ausgesehen.

Zum Trost haben wir erzählt, was wir in den Ferien machen.

Ich habe erzählt, dass ich nach Polen fahre.

Zaharia hat sich auf Marokko gefreut: »Höchste Zeit für die Heimat.«

Viele Kinder wollten aber über den Sommer hierbleiben.

»Nach den Ferien habe ich eine Überraschung für euch. Dann kommt ein neues Igelkind. Es bleibt dann niemand übrig in den Zweierreihen.«

Natürlich wollten wir alle mehr wissen, aber Frau Meister hat nichts verraten.

Zum Schluss sind wir alle noch mal zu Matilda. Wir haben ihre Beine umarmt. Ein paar Igelkinder waren ganz traurig, weil so lange keine Schule ist. Wer schon ein Handy hat, hat Nummern getauscht. Ich meine mit Mariam und Dilan. Dilan hat mich sogar umarmt. »Bis bald, Bruder«, hat er gesagt. »Pass auf dich auf in Polen.«

»Und du in der Kölner, Bruder.«

Und dann sind wir raus aus der Schule und rein in die Sonne.

Wann kommstu?

Zaharia habe ich am nächsten Tag noch mal gesehen. Ich bin auf dem Rückweg von den *Polnischen Spezialitäten* vorbei am Barbiergeschäft, da hat er auf einem riesigen Friseurstuhl gesessen. Sein Onkel Abdullah hat mich reingerufen. Er hat mir gesagt, dass es sehr gut ist, wenn Kinder anderen Menschen helfen. »Das ist ganz im Sinne des Propheten.«

»Was ist ein Prophet?«

»Hm. Ein bisschen so was wie euer Papst. Nur ist er schon länger tot.«

Wegen dem Papst musste ich wieder an Karol denken. Weil meine Nase angefangen hat zu kitzeln, habe ich mich schnell verabschiedet. Dann bin ich nach Hause und habe meine Sachen gepackt.

Meine Mama und ich sind am nächsten Tag nach Polen geflogen. Weil wir da keine Wohnung mehr haben und weil meine Mama lieber nicht bei der Verwandtschaft ist, waren wir bei meiner Patentante Kasia. Kasia ist die beste Freundin von meiner Mama. Sie wohnt in einem schönen Haus mit Garten. Sie hat auch zwei Söhne, Miłosz und Kamil. Mit denen war ich im Kindergarten. Der Papa von ihnen heißt Pawel. Er ist Koch.

Weil Kasia Lehrerin ist, hat sie extralange Ferien. Sie sitzt dann gerne mit meiner Mama im Garten und trinkt Weißwein.

Kamil, Miłosz und ich dürfen machen, was wir wollen. Zwei Tage lang waren wir also nur drinnen und haben Xbox gespielt. Die hatte Kamil nämlich zum Geburtstag gekriegt. Dann haben unsere Mamas aber ihre Meinung geändert und gesagt, dass wir doch nicht sooo viel machen sollen, was wir wollen. »Spielt lieber an der frischen Luft.«

Erst fanden wir das uncool. Aber dann haben wir die gleichen

Sachen gemacht wie früher: Rein in den Karpfenteich und rein in die Heuhaufen vom Bauern Kowalski. Meine Cousins und Cousinen haben auch mitgemacht. Mir hat das gut gefallen. Aber dann hat sich Bauer Kowalski bei unseren Müttern beschwert. Er hat gesagt, dass wir keine Babys mehr sind und dass er niemanden im Heu haben will.

Da haben unsere Mütter gesagt, dass wir an der frischen Luft spielen sollen, aber ohne Quatsch zu machen, also am besten im Garten. Pawel hat uns Bretter und Nägel gebracht: »Baut euch ein Baumhaus. Ihr seid doch echte Jungs. An die Arbeit, do roboty!«

Er hat sich angehört wie mein Dziadek, als er das gesagt hat. Aber jetzt war meine Mama komplett einverstanden: »Ein Baumhaus, das ist doch super!«

Als wir das Baumhaus gebaut haben, hat Miłosz sich mit dem Hammer auf den Daumen gehauen. Deshalb mussten unsere Mamas ihn ins Krankenhaus bringen. Der Daumen wurde geröntgt. Innen war er okay, aber der Nagel war zerquetscht. Da hat meine Mama angefangen zu schimpfen: »Ihr sollt *spielen*. Aber so, dass ihr euch nicht wehtut und nichts kaputt macht und nicht dauernd am Computer sitzt. Das kann doch nicht so schwer sein. Bułka z masłem.«

»Doch, isses aber.« Miłosz hat geweint. »Adam und Kamil sind gemein.«

Da war was dran.

Pawel hatte uns nämlich schon Proviant gegeben, bevor das Baumhaus fertig war. Jede Menge Gummibärchen. Die haben Kamil und ich allein gegessen und gesagt, wenn Miłosz uns verrät, dann ist er eine Petze. Ich habe mitgemacht. Obwohl ich an die Klassenregeln denken musste:

Igelkinder teilen gerecht.

Aber es waren Ferien, und manchmal ist es sehr schwer, alles richtig zu machen.

An dem Abend war dicke Luft. Obwohl wir draußen gegessen haben, an einem langen Tisch, mit Kerzen und mit leckerem Bigos, den Pawel von seiner Arbeit mitgebracht hatte.

Pawel war müde, und unsere Mütter waren genervt. Da hat das Handy von meiner Mama geklingelt. Es war mein Dziadek. »Adam soll kommen. Dann kann er mir helfen.«

»Wie jetzt? Du machst deinen Kram doch sonst auch alleine!«

»Ja, aber es ist *Sommer.*« Mein Dziadek hat so laut geredet, dass ich ihn gehört habe. Ich habe sofort gecheckt, dass das keinen Sinn macht. Die Arbeit mit den polnischen Spezialitäten ist nämlich immer gleich. Im Sommer wie im Winter. Ich hatte keine Ahnung, warum ich kommen sollte.

Meine Mama hat auch was gecheckt. Sie hat nämlich auf ihrer Unterlippe gekaut. Das heißt immer, dass sie nachdenkt. Dann muss ihr was eingefallen sein.

»Adam«, hat sie mit extra ganz lieber Stimme gesagt. »Möchtest du alleine zurückfliegen und deinem Dziadek im Geschäft helfen?«

Ich weiß genau, was sie gedacht hat: Wenn ich weg bin, muss sie auf kein Kind aufpassen. Dann hat sie auch mal ihre Ruhe.

»Mache ich.« Ich habe meiner Mama sogar direkt in die Augen gesehen. Das ist ein Tipp von meinem Dziadek: »Echte Männer schauen Leuten in die Augen. Das macht Eindruck.«

Was meine Mama nicht wusste, war, dass ich schon seit Tagen Nachrichten von Dilan auf mein Handy bekommen habe. *Bruder, in der Kölner ist was los. Wann kommstu?*

Am nächsten Tag war ich schon im Flieger. Ganz alleine und mit einem großen Zettel um den Hals, damit ich nicht verloren gehe.

Reingelegt

Mein Dziadek hat mich direkt am nächsten Tag mitgenommen ins Geschäft.

Es war schön, wieder da zu sein. Vor dem Barbiergeschäft und vor Shakiras Modeparadies standen Stühle. Dort konnten die Leute sitzen und Tee und Wasser trinken und reden und warten, bis es am Abend kühler wird.

Mein Dziadek hat in der Tür von seinem Laden gestanden. Er hat irgendwie sauer geguckt, wegen dem ganzen Betrieb auf der anderen Straßenseite.

»Das ist ja ein Chaos hier. Wenigstens ist auf meiner Seite Ordnung und Ruhe.«

Ruhe war richtig. Auf unserer Seite ist es todlangweilig. Da sind Geschäfte wie das Reisebüro, der Tätowierladen, der Stadtbäcker und der Fressnapf. Ganz oben der Kio. Da gibt es nicht viel zu tun, außer man braucht eine Fahrkarte, ein Tattoo, Brötchen, Katzenfutter oder einen Bleistift.

Dann gibt es natürlich noch das alte Zoogeschäft. Die Schaufenster waren jetzt mit Zeitung verklebt. Ein Hund hatte an der Ecke sein Bein gehoben. Es hat ziemlich düster ausgesehen. Ich habe die letzte Besitzerin einmal gesehen, sie war eine alte Frau mit einer rosa Strickjacke. Bei ihr hat mein Dziadek die Käfige für Karol gekauft. Jetzt hat mein Dziadek mir die Hand auf die Schulter gelegt. »Ja, das ist der Lauf der Dinge. Noch früher war da was mit Fischen.« Er hat auf die Schrift über der Tür gezeigt. »Kannst du mir das schon vorlesen?«

Leicht war das nicht. Die Schrift war früher bestimmt mal so schön wie die von Frau Meister. Jetzt war sie kaum noch zu lesen.

Zoogeschäft für wirbellose Zierfische

Ich habe ein bisschen gebraucht. Reden kann ich viel und gut, aber Lesen ist nicht so mein Ding. »Das verstehe ich nicht. Was sind wirbellose Zierfische?«

Mein Dziadek hat mit den Achseln gezuckt. »Das sind Fische ohne Gräten. Man kann die züchten. So wie Trauben ohne Kerne.«

Das war bestimmt geraten. Was Fische angeht, kennt mein Dziadek nur die Ölsardinen aus seinem Geschäft. Und natürlich die Karpfen, die wir in Polen zu Weihnachten essen. Da sind aber so viele Gräten drin, dass man aufpassen muss. Davor werden schon Vierjährige gewarnt: Bloß nicht am Karpfen ersticken. Dann ist man nämlich mausetot.

»Ist auch egal.« Mein Dziadek hat sich voll munter angehört. »Wegbleiben vom Zoogeschäft! Geh da auf keinen Fall hin. Abdullah sagt, dass es da drin spukt.« Dann hat er sich bekreuzigt. Das machen viele Leute in Polen so, wenn was heilig ist oder lebensgefährlich. Also habe ich mich auch schnell bekreuzigt und gesagt, dass ich auf keinen Fall ins Zoogeschäft gehe.

»So, und jetzt ist Inventur. Dafür brauchst du deine Muckis.«

Das nenne ich reingelegt! Inventur ist nämlich die langweiligste Sache der Welt. Wenn Inventur ist, muss mein Dziadek alles in seinem Geschäft zählen. Das macht er jedes Jahr.

»Wenn ich das gleich gesagt hätte, wärst du noch in Polen.« Mein Dziadek hat schlau geguckt. Viel diskutieren würde da nicht helfen.

In dem Moment sind Mariam und Dilan vorbeigekommen. Wahrscheinlich haben sie meinen Seufzer gehört. Beide waren superfroh, mich zu sehen.

»He, Bruder«, hat Dilan gesagt und mich abgeklatscht. »Gut, dass du da bist. Wir gehen zur *Fundgrube*. Da gibt's Kartons mit lauter neuen Sachen drin.«

»Alles von dem Matilda-Geld gekauft«, hat Mariam erklärt. »Wir dürfen helfen beim Auspacken.«

Ich habe meinen Dziadek angeschaut.

»Erst *Fundgrube* und *dann* Inventur. Wenn ihr da fertig seid, könnt ihr alle zurückkommen und *mir* helfen.«

Manchmal ist mein Opa echt in Ordnung. Die Kartons, die *Fundgrube* und Mariam und Dilan, das war die Aussicht auf einen guten Tag.

»Was ist los, Grinsebacke«, hat Dilan gesagt.

»Ich bin froh, dass ich wieder hier bin. *Das* ist los.«

Rabea

Die *Fundgrube* ist locker das beste Geschäft auf der Kölner. Hier geht man hin, wenn was fehlt im Haus. Es gibt hier nämlich alles zu kaufen, was man sich nur wünschen kann: Tassen, Teller und Besteck. Kerzen und Staubtücher und Glitzerkissen. Waschmittel, Filzstifte und Streichhölzer. Turnschuhe, Batterien und Knäckebrot.

Die *Fundgrube* ist lang und schmal, und hinten zum Hof hin wird es ziemlich dunkel. In den Regalen stapeln sich Kartons und Tüten.

Ich war mal hier, weil Mama einen Fundgrubentest gemacht hat. Ich sollte Himbeerlimonade kaufen.

An dem Tag war ein Mann mit blonden Haaren an der Kasse. Er hatte einen Goldring im Ohr, das weiß ich noch. Er hatte wirklich keine Limonade. Aber er hat Himbeersirup gefunden. In einem Karton, der so weit oben war, dass er eine Leiter holen musste.

Meine Mama war zufrieden. Sie hat Wasser dazugetan, und wir hatten Limonade. »Test bestanden«, hat meine Mama gesagt. »Die *Fundgrube* ist wirklich das Geschäft für alles.«

Heute war eine Frau in schwarzen Stiefeln und mit einem schwarzen T-Shirt an der Kasse. Sie hatte auch einen Ring, aber der ging durch die Augenbraue. Wahrscheinlich muss man das haben, wenn man in der *Fundgrube* arbeiten will. Einen Ring irgendwo, meine ich.

»Salam alaikum«, hat sie zu uns gesagt.

»Wa-alaikum as-salam«, kam es prompt von Mariam und Dilan zurück. Dann haben die drei laut geredet. Weil ich kein Arabisch kann, habe ich nichts verstanden. Bis Mariam meinen Namen genannt hat.

»Entschuldigung«, hat die Frau gesagt. »Ich bin Rabea. Wir haben gemerkt, dass unsere Familien aus der gleichen Stadt kommen.«

»Aleppo«, sagte Mariam.

»Ist jetzt aber futsch.«

»Genau, Aleppo. Du bist aber aus Deutschland?«

»Jestem z Polski. U nas też jest ładnie, dzień dobry.«

Das habe ich gesagt, damit alle mal merken, wie es ist, wenn man nichts versteht.

»Ein bisschen Polnisch kann ich

von deinem Opa«, hat Rabea gelacht. »*Dzień Dobry*. Das heißt *Guten Tag*. Und der Rest?«

»Ich bin aus Polen. Da ist es auch schön.«

»Alle Länder sind schön. Deshalb gibt es ja so viele. Euch brauche ich jetzt aber hier.«

Dann hat Rabea uns nach hinten in das Geschäft geführt. Dort war ein großes leeres Regal. Auf dem Boden waren lauter Kisten.

»Da sind Sachen aus Glas drin. Alles neu. Weil ja ziemlich viel kaputtgegangen ist.«

»Oma Daja.« Dilan ist rot geworden. »Es war wegen ihr.«

»Genau. Aber Hauptsache, eurer Oma geht es gut. Alles, was kaputtgeht, kann man neu kaufen.« Rabea hat uns freundlich angeschaut.

Wir haben die Kisten aufgemacht und Gläser und Schalen rausgeholt. Wir haben die Regalbretter gewischt und mussten niesen, weil plötzlich viel Staub in der Luft war. Dann haben wir eingeräumt. Große Gläser hinten, kleine Gläser vorne. Mit Stiel hinten, ohne Stiel vorne.

Mariam hat es schneller geschafft als Dilan und ich: »Hyperaktiv ist manchmal super.«

Aber mir war es bald genug. Bloß: Ich habe mich nicht getraut, was zu sagen. Ich wollte hier alles richtig machen.

Genau da ist Rabea aufgetaucht. »Das geht so in Ordnung. Den Rest mache ich. Jetzt habe ich aber noch was anderes für euch.«

Hinter dem letzten Regal war noch eine Tür. Dahinter war ein kleines Zimmer mit noch mehr Regalen, Kartons und Kisten.

»Ach ne, noch mehr Arbeit«, habe ich gedacht. Habe ich dummerweise auch gesagt.

Rabea musste lachen. »So schlimm ist es nicht. Macht mal auf und guckt nach. Wir haben nämlich unser Sortiment erweitert.« Weg war sie.

Mariam, Dilan und ich haben uns angeschaut.

»Na los.« Mariam hat den ersten Karton aufgemacht. »Ich glaub's jetzt nicht. Da sind Spielsachen drin! Guckt euch das an!«

Der erste Karton war voll mit Stofftieren. Mariam ist gleich mit einem Glitzerdrachen durch das Geschäft gefegt. Dilan und ich haben uns auf die anderen Kartons gestürzt. Eine Ritterburg, Schleichtiere, eine Kugelbahn. Lego, Magnetspiele, Springseile.

Ich habe gerade eine Kiste mit Puzzlen sortiert, als Rabea schon wieder da war. Sie hatte ein Tablett mit Keksen und Limonade dabei. »Schluss für heute. Morgen geht es hier weiter. Natürlich nur, wenn ihr wollt. Adam, dein Opa hat angerufen und gesagt, dass ihr nach Hause gehen sollt.«

Es war das erste Mal, dass ich so spät auf der Kölner Straße unterwegs war. Überall waren schon Lichter an, und auf den Stühlen vor den Geschäften waren immer noch Leute. Sie haben Tee getrunken und vor der Shishabar ihre Pfeifen geraucht. Am Dönerstand von Yussufs Papa war Hochbetrieb.

In meinem Bauch hat Freude gekribbelt wie Ameisen. Mit Mariam und Dilan abends die Kölner hoch und runter, was will man im Sommer mehr. Bloß ein paar Freunde aus der Igelklasse haben noch gefehlt.

Unfall auf der Kölner

Manchmal passieren Sachen, die man sich wünscht, ja sehr schnell.

Es hat sich schnell rumgesprochen, dass in der *Fundgrube* was los war. Mariam hat es Ayse gesagt, Ayse hat es Kübra gesagt. Und wenn Kübra etwas weiß, dann weiß es jeder. Deshalb waren wir am nächsten Tag neun Igelkinder vor dem Dönerstand: Ayse, Kübra, Yussuf, Rafi, Adamma, Irina, Mariam, Dilan und ich. Wir waren sogar so viele, dass es Streit gab.

»Irina macht nicht mit. Sie sagt nämlich nie was.« Kübra wollte mal wieder bestimmen.

»Das stimmt nicht«, hat Ayse gesagt. »Sag mal was, Irina.«

»*Was.*«

»Siehst du!«

»Das war doch nur *Was*!«

»Na und? *Was* ist doch was. Das reicht voll. Außerdem: Alle machen mit. So steht es auch in den Klassenregeln.«

»Es sind aber Ferien. Da gelten die Klassenregeln nicht.«

»Das ist doch super, wenn Irina mitmacht«, habe ich gesagt. Aus Versehen habe ich Polnisch geredet: »Irina idzie z nami.«

Irina hat mich aber verstanden.

»Spasibo«, hat sie gesagt. Das heißt *Danke*, und das habe ich verstanden.

Wenn jemand in Polen Danke sagt, *Dziękuję,* dann ist die Antwort: *Nie ma za co.* Heißt: *Gern geschehen.*

Kübra hat uns beide voll sauer angeguckt. Aber manchmal geht die Luft aus ihr raus wie aus einem Ballon. »Na gut. Mir nach, alle Igel.«

»Falsche Richtung«, hat Mariam gesagt. »Die *Fundgrube* ist da lang.«

»Nicht so schnell.« Das war Rafi.

»Alle mal langsamer«, hat Mariam gesagt.

Rabea war schon da. Sie hat uns in das hintere Zimmer gebracht. Überall waren noch unsere Spielsachen verstreut.

»Wow, Wahnsinn.« Kübra hat sich einen Papagei aus Stoff geschnappt.

»Wow, Wahnsinn«, hat der Papagei gesagt.

Kübra musste lachen.

Da hat auch der Papagei gelacht.

»Das ist ganz neu«, hat Rabea erklärt. »Sprechende Tiere. Die sagen alles, was man vorsagt. Jetzt macht mal die anderen Kisten auf.«

Es war wie am Tag davor, nur noch besser. Rabea hat uns Hocker gebracht, damit wir ganz oben an die Regale kommen, und wir haben eingeräumt.

Am Ende war noch eine Tüte mit bunten Gummisachen übrig.

»Was soll das denn sein?«, hat Yussuf gefragt.

»Die sind zum Aufblasen. Hier, versucht es damit.«

Rabea hat in einer Kiste gekramt und eine Luftpumpe gefunden.

Es waren Hüpftiere: ein weißer Hase, ein lila Känguru, ein grüner Elefant. Dazu ein gelber Kakadu, ein roter Hund, ein oranges Schwein, zwei blaue Pferde und ein rosa Krokodil. Die Tiere haben gut gepasst, nur Yussuf musste auf dem Krokodil seine Beine ziemlich krumm machen.

»Ab, raus mit euch.«

Rabea hat die Tür aufgemacht, und dann sind wir die heiße Kölner Straße runtergehüpft. Von der Shishabar bis zu Woolworth und zurück. Bis kurz vor Woolworth dann ein Mann mit Rennrad auf Kübra zugerast ist. »Macht doch Platz! Geht mir aus dem Weg!«

Er ist so dicht an ihr vorbei, dass sie vor Schreck von ihrem Hasen gefallen ist. Dabei ist sie gegen eine Oma gestoßen, der eine Einkaufstasche runtergefallen ist. Äpfel sind auf den Bürgersteig gerollt.

»Immer diese Kinder, auf die keiner aufpasst!«, hat die Oma geschimpft.

»Aber, meine Dame. Natürlich passt *jemand* auf diese Kinder auf.«

Ich habe mich umgedreht, und da war mein Dziadek. Keine Ahnung, wie der so schnell hier war oder wie er gewusst hat, dass er gebraucht wird. Vielleicht hat er einfach gerade aus seinem Fenster geguckt, die *Polnischen Spezialitäten* sind ja auf der anderen Seite.

Mein Dziadek hat die Äpfel eingesammelt.

»Das wär's dann, meine Dame«, hat er zu der Oma gesagt. »Sie können beruhigt Ihren Einkauf fortsetzen.«

Die Oma hat immer noch geschaut wie eine saure Gurke. Sie ist so dicht an mir vorbei, dass ich als Einziger gehört habe, wie sie schimpft. »Typisch Ausländer. Ihre Kinder machen nur Unordnung.«

»Nicht hinhören.« Mein Dziadek hat Kübra geholfen. Ihr Arm war aufgeschürft, aber sie hat nicht geweint. »Das verarzten wir gleich. Jetzt geht es zuerst zurück in die *Fundgrube*. Ihr gebt die Hüpftiere zurück. Und dann gibt es Mittagessen in meinem Geschäft. Wer von euch weiß, was Pierogi sind?«

Zwei Freundinnen

Sommerferien in der Kölner Straße mit Igelfreunden, die nicht verreist sind, das ist wirklich super. Sogar wenn man die meiste Zeit was für die Erwachsenen macht.

Morgens waren wir immer in der *Fundgrube*. Wir haben jeden Tag was umgeräumt. Rabea war damit sehr zufrieden: »Es sind ja eure Spielsachen. Zumindest ein bisschen. Außerdem dauert es, bis man die besten Plätze findet.«

Mittags sind wir zu meinem Dziadek ins Geschäft. Es war immer was zum Essen da. Ziemlich oft haben die Mamas von Mariam und Dilan was vorbeigebracht. Inzwischen wusste ich auch, dass Baba Ganoush Auberginencreme ist. Mit lila Gurken überrascht mich keiner mehr!

Manchmal hat der Papa von Ayse Pizza gebracht, direkt aus dem Palermo. Oder es gab Döner vom Dönerstand von Yussufs Papa. Die hat dann mein Tata abgeholt, weil die Packstation ja direkt daneben ist. Da sieht man mal, wie gut das alles gemacht ist, wenn in einer Straße so viele verschiedene Geschäfte sind und wenn die Leute sich kennen.

Rabea war mittags auch dabei, weil es ihr in der *Fundgrube* zu einsam war. Aber für die Arbeit am Nachmittag ist sie zurück. »Jemand muss ja auf die ganzen Spielsachen aufpassen.«

Mein Dziadek wollte natürlich immer noch Inventur machen. Da waren ihm neun Igelkinder mit einer Rechenmeisterin gerade recht. Dass Adamma das am besten kann, hatte er schnell raus.

Also haben wir gezählt. Alle Packungen Kakao. Jede Tüte mit Pierogi. Jedes Stück polnischen Käse. Jede einzelne Krakauer Wurst. Von allem sollten zehn Stück da sein. Dazu haben wir lange Listen geschrieben. Was zu alt war, durfte nicht zurück ins Regal. Weil die Regale dreckig waren, haben wir gewischt. Und weil Mariam über den Wassereimer gestolpert ist, haben wir auch noch den Boden gewischt.

Am Ende hat es in den *Polnischen Spezialitäten* geblitzt und geblinkt wie am ersten Tag. Unsere Arbeit war zu Ende.

Genau da ist Frau Meister reingeplatzt. Sie war nicht allein: Sie hat eine alte Frau geschoben, die im Rollstuhl saß.

»Hallo hallo, Igelkinder, das ist ja eine Überraschung«, hat sie gesagt. »Da muss ich euch ja gar nicht vermissen, bis die Schule wieder angeht. Morgen besuche ich euch mal in der *Fundgrube*.«

Manchmal weiß man auch bei Frau Meister nicht, ob alles stimmt, was sie so erzählt. Am nächsten Tag in der *Fundgrube* war sie nämlich extraüberrascht. »Hallo, Rabea«, hat sie gesagt. »Das ist ja eine schöne Geschäftsidee: die *Fundgrube* mit Spielsachen.«

»Stimmt. Ohne die Igelkinder wäre ich nicht darauf gekommen.«

»Ihr kennt euch?«, wollte Ayse wissen.

»Na ja, ein bisschen kennen wir uns«, hat Rabea zugegeben.

»Quatsch, wir kennen uns super«, hat Frau Meister gesagt.

»Deine beste Freundin in der Schule war aber Margitta.«

»Und du warst ziemlich lange weg. Also gut, ihr klugen Igelkinder. Rabea und ich haben uns ewig nicht gesehen. Aber wir waren zusammen in der Schule.«

»In unserer Schule!«, haben wir gesagt. In meinem Bauch hat es gekribbelt. Weil ich das schön finde, wenn es in Schulen immer weitergeht. Wenn aus Kindern Erwachsene werden, und die kommen dann zurück.

»Genau. Jetzt lasst uns mal sehen, wer von uns größer geworden ist.«

Frau Meister und Rabea haben sich mit den Rücken aneinander angestellt.

»Salila ist größer«, hat die Oma im Rollstuhl gesagt.

»Danke, Oma. Aber ich glaube, das war geschummelt. Rabea ist größer.«

Ich fand auch, dass Rabea größer ist. Aber sonst waren sie sehr ähnlich. Beide haben schwarze Haare.

Und beide haben gute Ideen. Frau Meister hat sich alles angeschaut in der *Fundgrube.* »Hier fehlt nur noch ein Schild. Damit die Kundschaft weiß, dass es auch Spielsachen gibt. Ich überlege mir was.«

Am nächsten Tag waren sie und ihre Oma wieder da, mit einem großen Ladenschild.

»Wunderschön«, hat Adamma geflüstert. »Die Frau-Meister-Schönschrift.« Frau Meister hat genickt. Sie hatte Nägel zwischen den Zähnen und einen Hammer in der Tasche. Sie ist auf eine große Leiter geklettert.

»Gute Arbeit«, hat ihre Oma aus dem Rollstuhl erklärt, als sie fertig war mit dem Hämmern.

»Tja, Oma. Das habe ich von dir. Und gelernt ist eben gelernt.«

Pyjamaparty mit Grusel

Seit gestern sind wir mit der Inventur und auch in der *Fundgrube* fertig. Heute ist uns schrecklich langweilig. Keiner hat einen Plan.

»Ich will ein Abenteuer«, erklärt Rafi. Er sitzt auf der Bank. Die Bank steht auf dem Kleinen Spielplatz. Der Rest von uns hängt am Klettergerüst. Wir machen die Fledermaus, unsere Köpfe sind unten.

Der Kleine Spielplatz heißt immer schon so. Und das, obwohl es keinen großen gibt. Klein stimmt aber auch so. Es gibt noch eine Wippe, einen Sandkasten und ein paar Schaukeln. Der Kleine Spielplatz ist also nicht sehr aufregend. Aber man hat seine Ruhe. Weil er am Ende einer kleinen Seitenstraße liegt, hört und sieht man nichts vom Gebrumm der Kölner. Und man muss in kein Geschäft rein, um zu helfen.

»Quatsch. Wir machen eine Pyjamaparty! Bei mir ist aber kein Platz«, erklärt Kübra.

»Wieso P-pyjama?«, fragt Yanis.

»Puh, mir reicht's.« Yussuf stellt als Erster seine Beine auf den Boden. Kübra springt sofort hinterher. »Gewonnen!«

»Das stimmt nicht. Ich hänge noch!«, ruft Ayse.

»Wir hängen alle noch«, ruft der Rest von uns.

»Stimmt, alle hängen noch, Kübra«, meint Rafi. »Ich kann es genau sehen.«

»Ist egal. Jetzt mal zuhören, alle Igel. Eine Pyjamaparty ist, wenn wir alle im Schlafanzug sind. Dann übernachten wir bei einem und erzählen uns Gruselsachen. Das habe ich neulich im Fernsehen gesehen. So geht das nämlich.«

Wir sind sofort einverstanden mit der Pyjamaparty. Das ist aber normal, wenn Kübra was einfällt. Weil sie die Party im Geschäft von meinem Dziadek machen will, rennen wir sofort los. So viel zur Langweile.

Mein Dziadek ist gerade dabei, Irinas Mama Pierogi zu verkaufen.

»Auf Wiedersehen, gnädige Frau.« Er sieht uns, als er sich gerade zu einem Handkuss vorbeugt. Das machen in Polen die alten Männer, wenn sie besonders höflich sind. »Was gibt's, Kinder?«

»Wir machen hier eine Pyjamaparty«, verkündet Kübra. »Dazu müssen wir übernachten. Vorher müssen wir ein paar Regale verschieben.«

»Pyjama-was?«

Kübra erklärt die Lage.

»Kinder, Kinder, es ist Zeit, dass die Schule wieder losgeht. Ihr habt nur Unsinn im Kopf. Jakieś bzdury.«

Aber ich kenne meinen Dziadek. Er ist einverstanden. Er findet es nämlich gut, wenn Kinder sich was einfallen lassen.

»Unter einer Bedingung. Ich zähle vorher die Schokolade. Nachher zähle ich sie auch noch mal.«

»Das geht in Ordnung, Herr Lieboschwitz«, sagt Kübra.

»Ich heiße aber Leibowitz!«

»Geht klar. Wir bringen unsere eigene Schokolade mit. Jetzt alle los nach Hause und umziehen. Wir treffen uns wieder hier, wenn es dunkel ist.«

»Nicht vergessen, du schließt von innen ab.« Mein Dziadek gibt mir später den Schlüssel. »Und keinen Unsinn machen. Wenn du mich brauchst, rufst du an. So, und jetzt warte ich auf ein Ehrenwort.«

Auf der Kölner ist immer noch was los, als wir uns treffen. Aber im Geschäft ist es so dunkel, dass wir nichts sehen und erst mal gegeneinanderstoßen.

»Sehr gut. Voll unheimlich.« Kübra ist die Erste, sie hat eine Decke und ihren Schlafanzug unter dem Arm.

Später liegen wir zu neunt zwischen den Regalen und gucken auf Dosen mit Sauerkraut und Wurst. Wir haben uns im Klo die Zähne geputzt. Danach haben wir Süßigkeiten gegessen, Saft getrunken und mit unseren Taschenlampen geblinkt.

»Jetzt geht es los, Freunde.« Kübra hält ihre Taschenlampe unter ihr Kinn. »Jetzt kommen die Gruselgeschichten. Wer fängt an?«

»Ich. Mein Vater hat gesagt, dass Zaharias Onkel gesagt hat, dass es im Zoogeschäft spukt. Es gibt da ein Monster mit zwei Köpfen. Es liegt in Ketten, die rasseln. Es fängt Kinder und frisst sie. Die Köpfe spuckt es aus.« Als Yussuf das gesagt hat, ist es kurz still.

»D-d-das ist n-n-nebenan«, meint Yanis dann.

»Ich kann nicht so schnell weglaufen«, flüstert Rafi.

»Das ist doch alles Unsinn.« Adamma steht auf. »Ich gehe gucken.«

»AUF KEINEN FALL«, rufe ich. Ziemlich laut sogar.

»Quatsch. Gute Idee«, findet Kübra. »Ich werde sowieso Polizistin. Wer will mit?«

Ich will überhaupt nicht mit. Aber ich habe mein Ehrenwort gegeben. Es ist bestimmt nicht gut, Adamma und Kübra alleine zu lassen. Ich rutsche aus meinem Schlafsack

Meine Hände zittern, als ich die Tür aufschließe. Draußen ist jetzt alles still. Auch im Zoogeschäft. Wir schleichen uns an. Dann halten wir unsere Ohren gegen die Scheibe. Ich höre, wie Kübra die Luft anhält. Dann höre ich ein Rasseln.

»Das sind die Monsterketten!« Kübra ist so weiß im Gesicht, dass ich es im Dunkeln sehe. »Das Monster rasselt mit seinen Ketten! Bestimmt spuckt es Köpfe aus.«

Wir rennen schnell zurück, werfen die Tür hinter uns zu und schließen ab. Ich rufe zu Hause an. Mein Tata hebt ab. Ich kriege erst kein Wort raus.

»Bleibt am Platz, ich komme«, sagt Kasimir Adam.

Eine neue Familie

Man glaubt kaum, wie lange Erwachsene brauchen können, wenn man sie mal wirklich schnell braucht.

»Wo b-bleibt denn dein Papa?« Yanis hippelt von einem Bein aufs andere.

»Ich muss mal«, sagt Rafi.

Genau da höre ich den Schlüssel im Schloss. Mein Tata, mein Dziadek und meine Mama kommen rein. Ich bin so froh, meine Mama zu sehen, dass ich sie umarme. Und das vor meinen Freunden.

»Wo ist der Schurke?«, fragt mein Dziadek grimmig. »Einen Kinderfresser werde ich sofort einfangen und der Polizei übergeben.«

»Lass doch den Unsinn, Tata!«

Aber wir gehen alle noch mal raus. Schleichen uns zum Zoogeschäft. Legen unsere Ohren gegen die Scheibe. Alles bleibt ruhig.

Mein Dziadek reibt sich das Kinn. »Abdullah hat recht. Ab heute heißt das Zoogeschäft *Dunkelladen*. Hier spukt es bestimmt. Auch wenn wir jetzt nichts hören.«

Meine Mama verdreht die Augen. »Die Kinder haben schon genug Angst.«

»Auseinander, ihr Streithähne«, sagt mein Tata. »Wer will mit in unsere Wohnung kommen und Kakao trinken?«

Das wollen wir alle. Ich bin froh, dass meine Familie mit dem Postauto da ist. Wir klettern in den Laderaum.

Kurz darauf sitzen wir an unserem Küchentisch.

»Die schönste Küche weit und breit«, sagt Mariam stolz. »Ich habe hier schon gekocht.«

Mariam hat recht, irgendwie. Es ist besonders schön, mit meinen Freunden hier zu sitzen. So viel Besuch hatte ich noch nie. Da sieht man mal, wie gut es sein kann, wenn man mal sein Land wechselt.

Weil es so spät ist, machen wir die Pyjamaparty bei mir zu Ende. Dazu müssen wir erst noch mein Zimmer aufräumen. Aber nur ein bisschen. Meine Mama bringt Kissen vom Sofa. Mein Tata schiebt den Käfig von Karol in den Flur. »Der kann wohl weg«, meint er.

Mariam stupst mich an. »So ein Mäusekäfig ist doch voll nützlich«, meint sie.

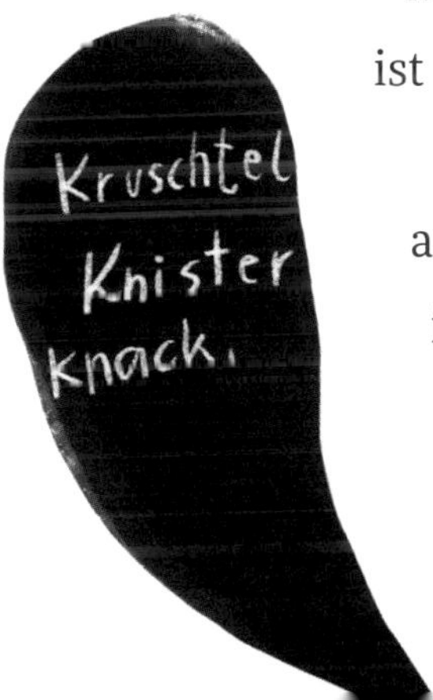

Genau in dem Moment höre ich was. Die anderen hören es auch. Es ist ein Kratzen irgendwo im Flur. Das beste Gehör von uns hat meine Mama. »Pssst, Ruhe, alle miteinander. Macht mal die Tür auf.«

Mein Tata geht zur Tür und macht auf. Aber da ist niemand. Er zuckt mit den Achseln. »Keiner da«, sagt er.

»Doch wer da«, ruft Mariam. Und dann sehen wir es alle.

Wir sehen: ziemlich viele weiße Mäuse. Zwei große Mäuse vorneweg. Und viele kleine weiße Mäuse hinterher.

Eine Maus erkenne ich sofort. Es ist Karol.

»O NEIN«, jammert meine Mama. »Eine ganze Mäusefamilie in meiner Wohnung, Hilfe!«

»Tja«, sagt mein Tata.

»Ein echter Pole, unser Karol.« Mein Dziadek ist sehr stolz. »Er sucht sich eine Frau und macht das Richtige: eine große Familie gründen.«

»Genau wie du also«, stichelt meine Mama.

»Schluss jetzt. Kein Streit mehr vor den Kindern«, sagt mein Tata.

»Die Mäuse kommen aber weg.« Meine Mama stemmt ihre Arme in die Hüften.

»Das klären wir morgen.«

Mein Dziadek macht die Tür zum Käfig auf. Alle Mäuse spazieren rein.

»Wahnsinn«, flüstert Kübra. »Das glaubt uns keiner in der Igelklasse.«

Mein Dziadek zählt. »So was. Neun Mäusekinder und neun Igelkinder. Zufälle gibt es aber auch.«

»Die nehmen wir alle mit!«, sagt Kübra. »Leute, am Montag sind wir in der Igeldrei. Wer freut sich schon?«

»Ich«, sagt Adamma. »Endlich Zahlen bis tausend.«

»Ich«, sagt Yanis. »Auf den n-nächsten Lesewettbewerb.«

»Ich aufs Einradfahren«, sagt Mariam.

»Ich auf Frau Meister«, sagt Rafi.

»Ich auf die Flitzepausen«, sagt Ayse. »Und aufs Schönschreiben.«

Franzi, die Leseecke, das neue Igelkind, von dem Frau Meister uns erzählt hat. Es fällt uns allen was ein. Vor meinem Fenster wird es schon hell, als wir einschlafen. Das Letzte, was ich höre, ist Kübra: »Und natürlich freue ich mich fett auf Matilda. Das ist wohl eierklar.«

Da hat Kübra mal wieder recht.

Unsere Matilda, das ist das Beste an der Igeldrei.

Cześć!

Hintendran

Jetzt will ich euch noch etwas verraten.

Die Weltklasse gibt es wirklich. Die Igelkinder gibt es auch. Sie sind genauso lustig und nett wie die Kinder in diesem Buch. Sie haben auch eine besonders tolle Lehrerin. Das weiß ich, weil ich öfter dort zu Besuch war. Die Lehrerin heißt in Wirklichkeit aber anders. Die Kinder heißen auch anders. Das ist, damit man sie nicht erkennt, wenn man sie mal zufällig auf der Straße trifft.

Vieles, was in dieser Geschichte vorkommt, stimmt also. Zum Beispiel, dass die Kinder der Igelklasse aus ganz vielen Ländern sind. Die meisten haben erst Deutsch gelernt, als sie in den Kindergarten oder die Schule gekommen sind. Sie sprechen zwei oder noch mehr Sprachen.

Adam kommt aus Polen. Er und seine Familie benutzen manchmal polnische Ausdrücke zwischen den vielen deutschen Sätzen, die sie den ganzen Tag brauchen. Das ist in seiner Familie ganz normal, also habe ich versucht, das nachzumachen.

Alles, was Adam und seine Familie auf Polnisch sagen, findet ihr auf der übernächsten Seite in Adams Wörterbuch.

In jedem Fall versteht ihr die Geschichte gut, auch wenn ihr kein Wort Polnisch könnt. So wie ich. Deswegen hat mir bei den polnischen Sachen meine Freundin Kasia geholfen. Kasia gehört zu den vielen Leuten aus Polen, die Deutschland gut kennen, und sie lässt euch grüßen. Aus Polen, natürlich. Cześć!

Eure Tanya

Adams Wörterbuch

Dziadek *(Dschadäck)* – Opa *S. 7*

Tata *(Tata)* – Papa *S. 7*

Mama *(Mama)* – Mama *S. 7*

Dobrze *(Dobche)* – Geht klar; Ist gut *S. 8*

Wynoście się *(Wiänochtsche schong)* – Geht weg von hier *S. 10*

Milicz *(Mielitsch)* – Stadt in Polen *S. 10*

Słowo daję *(Swowo daje)* – Ich schwöre *S. 11*

Niech się stanie *(Niäch chaou staanje)* – Lasst es gut sein *S. 28*

Babcia *(Babdscha)* – Oma *S. 32*

Dzień dobry *(Dschiänn dobre)* – Guten Tag *S. 34*

Dzień dobry Pani *(Dschiänn dobre Panie)* – Guten Tag, meine Dame *S. 34*

Cześć! *(Tchächtsch)* – Hallo! *S. 39*

Głowa do góry *(Guowa do gure)* – Kopf hoch *S. 47*

Karol bohaterem *(Karol bohatärem)* – Karol der Held *S. 66*

Głuptasku *(Goupdasku)* – Kleiner Dummkopf *S. 76*

Ała *(Awa)* – Autsch *S. 76*

Dobry Boże! *(Dobre Boche)* – Lieber Himmel!; Gute Güte! *S. 78*

Dokładnie *(Dokuadenje)* – Genau *S. 79*

Nie kapuję *(Niä kapuje)* – Ich kapiere das nicht *S. 81*

Bal karnawałowy *(Bal karnawawowe)* - Faschingsball *S. 86*

To tylko żart *(To tülko chaart)* - Das ist nur ein Scherz *S. 88*

Trzeba być litościwym *(Tschäwa bütch litochiewim)* – Man muss barmherzig sein *S. 106*

Do roboty *(Do robote)* – An die Arbeit *S. 134*

Bułka z masłem *(Buowka smaswem)* – Das mache ich mit links *S. 134*

Jestem z Polski. U nas też jest ładnie, dzień dobry. *(Jestäm spolski. Unas täch jestuadenje, dschiänn dobre)* – Ich bin aus Polen. Da ist es auch schön, guten Tag. *S. 142*

Irina idzie z nami *(Iriena idjes naamie)* - Irina geht mit uns *S. 148*

Dziękuję *(Dschänn Kuje)* – Danke *S. 148*

Dziękuję. Nie ma za co. *(Dschänn Kuje. Niä ma sazo)* – Danke. Bitte, gern geschehen. *S. 148*

Jakieś bzdury *(Jakäch bsduure)* - Unsinn *S. 158*

Smacznego! *(Smatchnägo)* – Guten Appetit! *S. 172*

Pawels Bigos

Bigos oder Bigosch ist ein Eintopf mit Fleisch, Würstchen, Weißkohl und Sauerkraut. Dazu kann man Pierogi essen, also kleine Kartoffelklöße. Bigos schmeckt aber auch mit Brot. Pawels Bigos reicht für 8 bis 10 Leute.

Man braucht:
2 Kilo Sauerkraut
1 Kilo Kohl
100 Gramm gemischte getrocknete Pilze
3 Zwiebeln
1 Kilo Schweinefleisch, in Würfeln
300 Gramm Speck, geräuchert
500 Gramm Knoblauchwurst
Salz
Pfeffer
Nelkenpfeffer
Lorbeerblatt
Majoran
1 Esslöffel Tomatenmark

Das Sauerkraut kochen, bis es weich ist. Das dauert ungefähr 90 Minuten. Währenddessen schneidet man alles andere klein. Nach 45 Minuten gibt man den geschnittenen Kohl und die Pilze zum Sauerkraut. In der Pfanne werden angebraten: die Zwiebeln, das Fleisch, der Speck und die Wurst.
Den gekochten Kohl abgießen und mit den anderen Zutaten aus der Pfanne mischen. Dazu kommen jetzt die Gewürze und das Tomatenmark. Noch 15 Minuten auf kleiner Flamme kochen lassen.

Smacznego!

Polnische Kinder in Deutschland

In Deutschland leben zurzeit ungefähr 900 000 Menschen, die aus Polen sind. Das ist ein bisschen geschätzt, die genaue Zahl war 870 000 im Jahr 2021. Die stimmt aber auch nicht ganz, weil es dazu noch viele Polen gibt, die in Deutschland arbeiten, aber in Polen wohnen. Sie machen ihre Arbeit und fahren am Wochenende oder in den Ferien nach Hause.

Die meisten Polen leben in Berlin und in Brandenburg, weil es von da aus nicht so weit nach Hause ist. Viele wohnen und arbeiten aber auch im Ruhrgebiet, wo die Igelkinder zur Schule gehen. Polnische Menschen findet man aber in ganz Deutschland.

Kinder sind bei den 900 000 Leuten mitgezählt. Sie kommen natürlich meistens mit ihren Eltern nach Deutschland. Die Eltern kommen oft wegen der Arbeit, und man findet sie in vielen Berufen: Man trifft sie in Ingenieurbüros oder in Hotels, im Museum, im Restaurant oder beim Friseur, auf der Baustelle oder in einer Arztpraxis. Viele von ihnen sprechen oder lernen nicht nur Deutsch, die meisten können auch gut Englisch. Das ist, weil Polen eine lange Geschichte der Auswanderung hat.

Viele Menschen in Polen haben Freunde und Verwandte in der ganzen Welt. Nicht nur in Deutschland, sondern in ganz Europa und auch in Amerika. Wenn du ein Kind aus Polen triffst, dann freut es sich, wenn du es mit »Cześć« begrüßt. *Tchächtsch* – das heißt: *Hallo!*

Tanya Lieske studierte Komparatistik, Romanistik, Theaterwissenschaften und Neuere Geschichte. Seit 1996 ist sie als freie Publizistin tätig. Im Deutschlandfunk arbeitet sie für die Literatursendung »Büchermarkt«, daneben schreibt sie Bücher für Kinder und Erwachsene sowie Literaturkritiken. Tanya Lieske lebt mit ihrer Familie in Düsseldorf, ihr zweiter Schreibtisch steht in Irland.

Sybille Hein studierte Philosophie (halb), Illustration (ganz) und tourte viele Jahre mit ihrem Kabarett über die Bühnen der Lande. Heute wohnt sie mit ihrer Familie in Berlin. Sie schreibt Bücher, Hörspiele, satirische Texte und subversive Lieder und denkt sich regelmäßig Trickfilme für die *Sendung mit dem Elefanten* aus.

Unsere Igelklasse
Mariam
Adam
Kübra
Adamma
Janis
Billie
Zaharia
Yussuf
Artem
Ayse
Irina
Henri